Eine kulinarische

Entdeckungsreise

Gilde Ratskeller

Sabine Bomeier • Christiane und Heinz Anschlag

Eine kulinarische Entdeckungsreise

DURCH DIE LÜNEBURGER HEIDE

UMSCHAU

INHALT

Inhalt

Lüneburger Heide

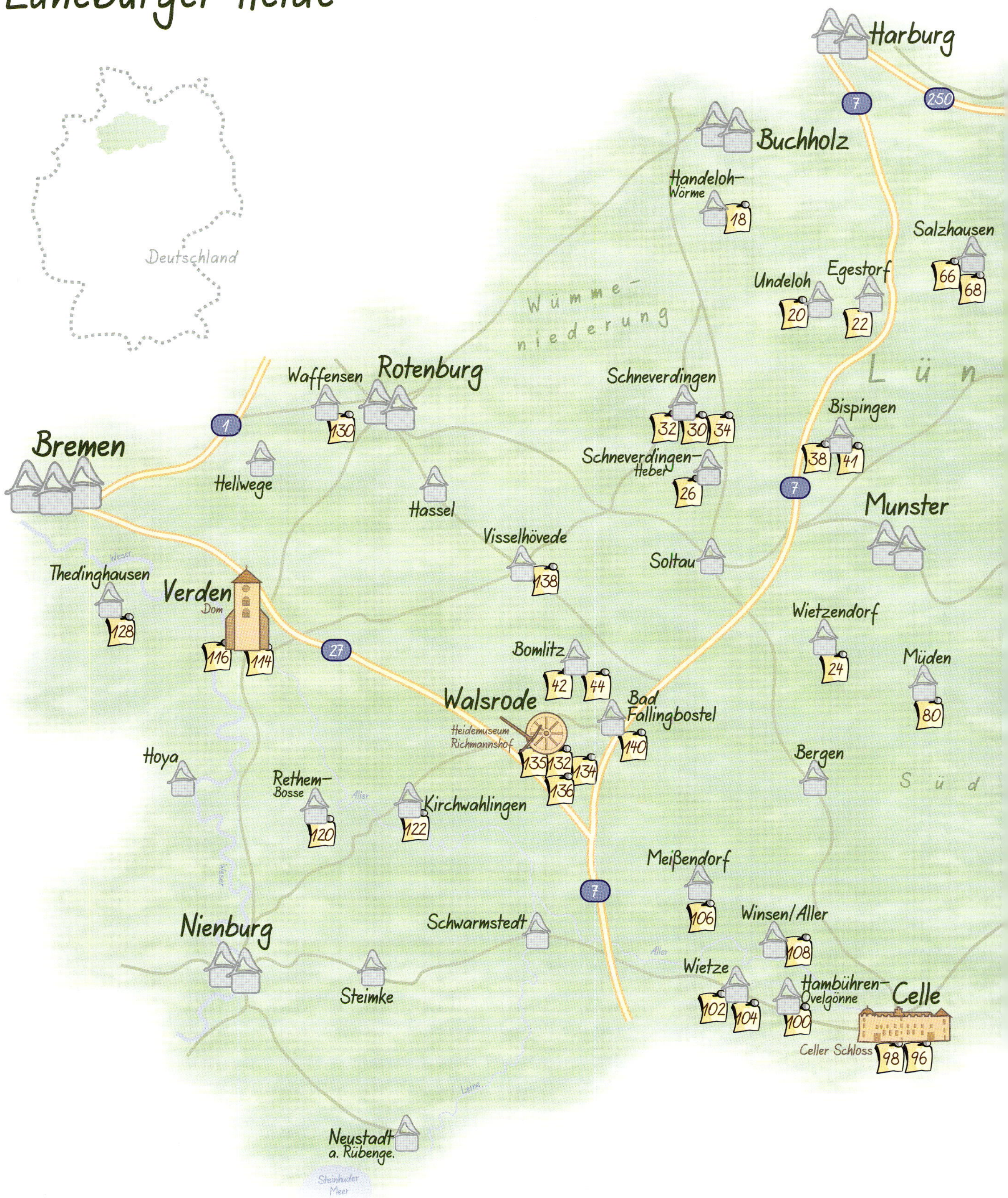

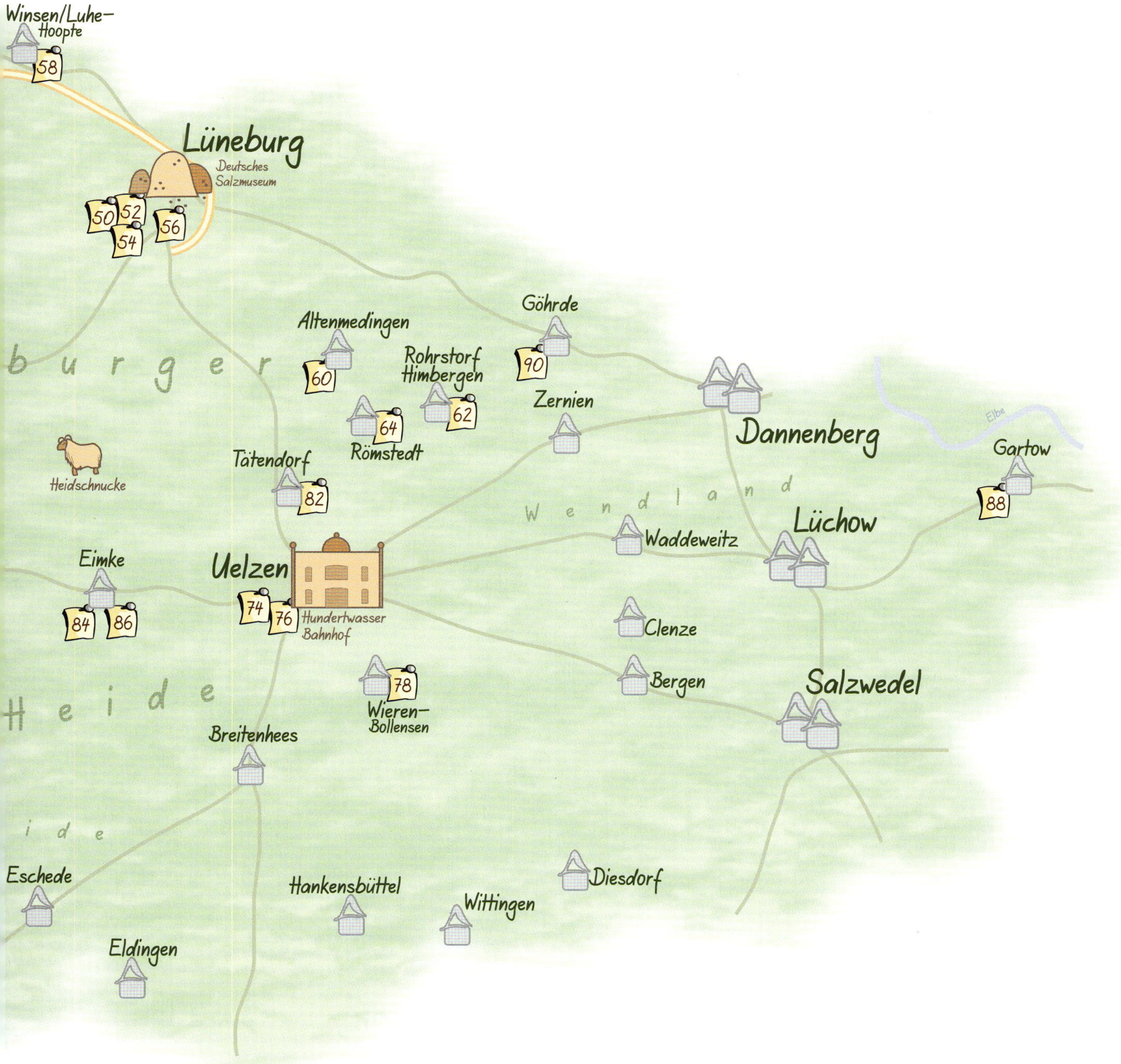

Die Zahlen 176 sind identisch mit den Seitenzahlen der einzelnen Betriebe in diesem Buch und bezeichnen ihre Lage in der Region.

Kultur, Natur und gutes Essen – das könnte ein Motto für einen Urlaub in der Lüneburger Heide sein. Die Einteilung der Regionen in diesem Buch mag nicht immer der offiziellen in Kreise und Gemeinden entsprechen, doch sie soll mehr dem touristischen Bedürfnis der Gäste Rechnung tragen. Lassen sie sich durch die Heide treiben, vorbei an schönen Gasthäusern, herrlicher Landschaft und sehenswerter Kultur.
Hier kann man gut essen in gutbürgerlichen Landgasthöfen oder speisen in Restaurants der Spitzenklasse. Dazwischen Kultur in kleinen, aber umso traditionsreicheren Städten erleben, dann wieder während langer Wanderungen oder erholsamer Kutschfahrten die Natur genießen. Alles ist möglich in der Lüneburger Heide.
Wundersame Ecken und Winkel im „Hundertwasser Bahnhof" in Uelzen entdecken oder die Schönheit eines Wacholderhains erleben, durch die violett blühende Heide wandern oder den alten Ortskern Celles mit uralten Fachwerkhäusern entdecken – die Lüneburger Heide bietet immer wieder einen spannenden Bogen, der Langeweile verbietet. Lassen Sie sich überraschen!

DAS NATURSCHUTZGEBIET LÜNEBURGER HEIDE

Mitten im Dreieck Hamburg, Hannover und Bremen liegt das Naturschutzgebiet Lüneburger Heide. Die Kulturlandschaft entstand durch menschliche Einwirkung in der Bronzezeit. Der Wald wurde durch Feuer, Rodungen oder auch Beweidung immer weiter zurück gedrängt, schließlich waren die Menschen auf eine dauerhafte und ortsgebundene Landwirtschaft aus. Das Nomadendasein hatte endgültig ein Ende. Man brauchte Weideland für die Tiere und Platz für den Bau von Wohnstätten.
Die so genannte Heidebauernwirtschaft entstand. Der Boden erwies sich als nährstoffarm. Um das auszugleichen, wurde der Oberboden in regelmäßigen Abständen abgetragen, was den Boden langfristig erschöpfte, aber umso besser auf dem trockenen, sandigen Boden das Heidekraut wachsen ließ.
Der abgetragene Boden wurde als Streu für die Heidschnucken verwendet. Lag er lange genug in den Ställen, ergab das einen prima Dünger auf den kargen Äckern.
Anfang des 20. Jahrhunderts wurde mehr und mehr versucht, den Boden wieder in fruchtbares Ackerland umzuwandeln. Der „Verein Naturschutzpark (VNP)" setzt sich jedoch dafür ein, die Landschaftsform der Heide zu bewahren. Der private Verein ist einer der ältesten Naturschutzvereine unseres Landes. Insbesondere der Egestorfer Pastor Wilhelm Bode kämpfte für den Erhalt der einzigartigen Kulturlandschaft. Als er erfuhr, dass es Pläne für die Bebauung des Toten-

grundes mit Wochenendhäusern gab, ein von ihm besonders geliebtes Stückchen Heide, schritt er zur Tat und konnte einen befreundeten Professor aus Münster zum Erwerb des Areals überreden. Fortan wurde hier „Naturschutz gelebt" – und das bereits im Jahre 1905. 1909 verhinderte Bode gemeinsam mit dem Landrat Fritz Ecker die bereits geplante Aufforstung des Wilseder Berges. Im selben Jahr wurde das Gebiet offiziell zum Naturschutzgebiet erklärt.
Von dem über 23 000 Hektar großen Naturschutzgebiet sind über 50 Prozent Wald und nur 13 Prozent typische Heidelandschaft. Der Rest ist Acker- und Grünland. Dennoch ist es die größte zusammenhängende Heidefläche Mitteleuropas.

In Kutschen oder per pedes werden Besucher durch die Heide geführt und Fachkundige zeigen Interessierten die kostbaren Naturschönheiten und die vielen Steinzeitgräber. Im August und September, wenn die Heide blüht und die dunkelgrünen Wacholderbäume in voller Pracht stehen, sind die rund 700 Kilometer Wander- und Reitwege gut besucht. Hauptwanderweg ist der 86 Kilometer lange Freudenthalweg, der von Hamburg-Harburg ausgehend an fast allen sehenswerten Stationen der Lüneburger Heide vorbei führt. Die Brüder Freudenthal waren wohl so begeistert von der Heide, dass sie in lyrische Liebeserklärungen verfielen und damit immerhin erreichten, dass dieser Weg nun ihren Namen trägt.

Autos dürfen innerhalb des Naturschutzgebietes nur auf wenigen Straßen fahren. Wohl auch deshalb konnten sich hier seltene Vogelarten wie die Heidelerche, Braun- und Schwarzkehlchen oder die Nachtschwalbe halten. Gleiches gilt für eine Vielzahl von Pflanzenarten wie Moorlilie, Heidenelke oder Lungenenzian.

„Dat ole Hus“, eines der ältesten Freilichtmuseen Deutschlands, zeigt wie die Menschen um 1900 in der Heide lebten und arbeiteten. „Heidjer“, wie die Bewohner der Heide sich nannten, schufen beeindruckende reetgedeckte Fachwerkhäuser. Das Bild wird abgerundet durch ab und an vorüberziehende Heidschnuckenherden. Der VNP unterhält einige davon.

Noch eine Besonderheit bietet die Heide: Sechs mittelalterliche Frauenklöster in Ebstorf, Isenhagen, Lüne, Medingen, Wienhausen und Walsrode sind erhalten geblieben und wurden nach der Reformation in evangelische Damenstifte umgewandelt. Noch heute können Besucher dort sehenswerte Kunst aus alten Tagen bewundern.

Nach dem Zweiten Weltkrieg wurden weite Teile der Heide von der britischen Armee als Truppenübungsplatz genutzt. Im Jahre 1994 übergaben die Briten die Flächen an den „Verein Naturschutzpark Lüneburger Heide“. Heute sind die Spuren der Panzer verschwunden und die Besucher können wieder ungestört die Ruhe der Heide genießen.

FISCHZUCHTMEISTEREI KLAUS KRÖGER

Fischzuchtmeisterei Klaus Kröger

Zu den Fischteichen 5
21256 Handeloh-Wörme

Telefon 0 41 87 / 62 64
Telefax 0 41 87 / 79 21
www.kroeger-forelle.de

Frische Forellen, gerade erst vom Fischzuchtmeister selbst aus den Teichen geholt, das gibt es in dem kleinen, fern der großen Straßen und Autobahnen gelegenen Ort Wörme in der Gemeinde Handeloh.
Schon vor über hundert Jahren wurden in der Region Fischteiche angelegt. „Die hohe Wasserqualität in dieser Gegend lässt die Fische hier besonders gut gedeihen“, sagt Irmgard Kröger, die Ehefrau des Fischzuchtmeisters. Ein Quellbach, 200 Meter oberhalb der Brutanlage, speist die Teiche mit kühlem, frischem Wasser. Das sind ideale Voraussetzungen für eine Fischzucht und so gründete Klaus Kröger zu Beginn der 1970er Jahre den Betrieb. Landwirtschaft betreiben die Krögers allerdings schon länger. Der Hof fand bereits Mitte des 15. Jahrhunderts urkundliche Erwähnung. Damals nämlich wurde der Hofherr vom Kloster freigesprochen und durfte fortan als selbständiger Geselle schaffen. Die Familie ist in der Region verwurzelt und kann sich kaum vorstellen, woanders zu leben. So wird Sohn Wolfgang denn wohl auch den Betrieb vom Vater übernehmen.
Der gelernte Fischzuchtmeister Klaus Kröger hat sich auf Forellen spezialisiert, besonders auf die Lachsforelle. In insgesamt 100 Teichen tummeln sich die Fische bis sie auf den Tisch kommen. Bis es so weit ist, dauert es allerdings eine Weile. Nach dem Abstreifen

Frühlingsforelle mit frischen Champignons

Zutaten

4 frische Forellen, küchenfertig (à 300 g)
Saft einer Zitrone
Salz, Pfeffer
4 große frische Champignons
1 Bund Frühlingszwiebeln
8 EL Wein
8 EL süße Sahne
1 Knoblauchzehe
1 Prise Estragon
1 Prise Basilikum
2 EL gehackte Petersilie
50 g Butter

Zubereitung

Die gewaschenen Forellen mit Zitronensaft beträufeln und mit Salz und Pfeffer würzen. Die frischen Champignons waschen, putzen und blättrig schneiden. Die Frühlingszwiebeln waschen und in feine Ringe schneiden und in eine feuerfeste Form geben. Die Forellen darauf legen. Wein mit Sahne, zerdrückter Knoblauchzehe, Basilikum, Estragon und gehackter Petersilie verrühren. Das Sahnegemisch über die Forellen gießen. Mit Butterflöckchen belegen und im vorgeheizten Backofen bei 200 °C ca. 20 Minuten garen. Dazu frische Kartoffeln reichen!

des Laichs und dem Befruchten der Eier müssen diese 40 Tage lang in immer frischem Wasser ausgebrütet werden. Erst nach einem weiteren Jahr schwimmen dann kleine Setzlinge im kühlen Nass herum. Viele davon gehen an andere Fischzuchtbetriebe. Die, die bleiben, dürfen sich nach zwei Jahren Speiseforelle nennen und erst nach drei Jahren Lachsforelle. Im Hofladen kann sie dann jeder für den heimischen Tisch erwerben. Den passenden Wein von einem Winzer aus Bad Dürkheim gibt es gleich dazu, und für den kleinen Hunger zwischendurch leckere Salate, alle hausgemacht aus den im Betrieb gezüchteten Fischen. Es wird nichts dazu gekauft. Das gilt auch für den Kaviar aus Forellenlaich. Ganz lecker! „Wir wollen wissen, was in den Salaten wirklich drin ist und den Kunden mit gutem Gewissen hervorragende Qualität anbieten", sagt Irmgard Kröger. Auf Qualität wird hier wahrlich großen Wert gelegt. Die Mitgliedschaft im „Verbund Regionale Esskultur" verpflichtet, genauso wie das Kontrollsiegel der Landwirtschaftskammer Hannover für artgerechte Haltung, Transport und Verarbeitung.

Immer im September laden die Krögers Interessierte auf die Fischfarm zu einer Begehung der gesamten Anlage ein. „Da kann der Kunde sich von der Frische und Qualität unserer Produkte überzeugen", sagt Irmgard Kröger und gesteht, dass auch sie immer noch gerne Fisch isst. Weihnachten ohne Forelle blau ist für sie unvorstellbar.

UNDELOHER HOF

Undeloher Hof

Wilseder Straße 22
21274 Undeloh

Telefon 0 41 89 / 4 57
Telefax 0 41 89 / 4 68
www.undeloher-hof.de

Der „Undeloher Hof" hat viele Gesichter. Da ist zum Beispiel das schöne alte Fachwerkhaus mitten im romantischen Undeloh am Rande der autofreien Zone, wo hin und wieder ein Pferd über die Straße zuckelt und auch die Polizei noch beritten den Dienst versieht. In dieser Idylle findet der Gast ein hervorragendes Restaurant, eine sonnige Terrasse für den gemütlichen Nachmittagskaffee mit frischem, selbst gebackenem Kuchen oder fröhliche Grillfeste. Küchenmeister Edgar Kreuzer sorgt mit Heidschnuckenbraten und anderem Guten aus der Region für das leibliche Wohl der Gäste. Die vielen Stammgäste lassen ihn immer wieder wissen, dass er mit seiner Küche genau richtig liegt. Das hat sich herumgesprochen, denn inzwischen kann bereits eine Busreise zum „Undeloher Hof" gebucht werden. Nicht selten finden sogar Stars aus der Volksmusikszene den Weg hierher. Die Stimmung ist gut, wenn ein Blasorchester auf der Terrasse aufspielt. Genau das Richtige nach einer urigen Kutschfahrt

durch die Heide. Die werden hier ganz selbstverständlich auch behindertengerecht angeboten.
In der kalten Jahreszeit lockt der elegante Wintergarten mit Blick ins verschneite Grün. Schön kuschelig warm ist es dort nach einer mehr oder weniger langen Grünkohlwanderung. Im Wintergarten oder Saal lässt es sich ideal warten auf ein Brautpaar, das im von zwei Schimmeln gezogenen, mit Blumen geschmückten Landauer standesgemäß vorfährt. Für die Übernachtung nach der Feier ist natürlich auch gesorgt.
Als Stammgäste kommen dann viele wieder, sei es zu einer der zahlreichen Veranstaltungen, wie zum Beispiel dem Schlachtfest, dem Landbüffet oder der großen Silvesterparty.

Wer nicht im Hotel wohnen mag, sondern eine Ferienwohnung bevorzugt, zieht in eines der Gästehäuser, ebenfalls stilecht restaurierte Fachwerkhäuser. Einige Wohnungen verfügen gar über einen offenen Kamin. Oder soll es doch lieber die kleine Pension mit hübschem Cafe sein, das wie eine bezaubernde Puppenstube anmutet? Nicht nur hier schmeckt die Wiener Melange mit einem Stück hausgemachter Torte.
Aber auch wer keine Zeit für erholsame Ferientage hat, ist im „Undeloher Hof" richtig. Warum die anstrengende Tagung nicht mal in romantischer Umgebung stattfinden lassen? Im Seminarhaus mit entsprechender Ausstattung ist Platz genug.
Ob Seminargast oder Urlauber – die familiäre Atmosphäre begeistert jeden. Inge Brunkhorst und Mann Heini haben den Hof gekauft, weil sie mit ihren fünf Kindern so gerne Urlaub in der Heide gemacht haben. Es wurde angebaut und dazu gekauft, denn immer mehr Gäste kamen. Es wundert nicht bei der herzlichen Aufnahme, die hier jeder findet. Mittlerweile ist auch Tochter Heike mit dabei und kümmert sich um Gäste und Hof. Alle sind dabei, wenn im „Undeloher Hof" alljährlich die Heidekönigin gewählt wird oder mit Gästen im alten Backhaus Butterkuchen gebacken wird. Ganz lecker!

Egestorfer Hof

Lübberstedter Straße 1
21272 Egestorf

Telefon 0 41 75 / 4 80
Telefax 0 41 75 / 10 90
www.egestorferhof.de

Auf schönen alten Möbeln sitzend, lässt der Gast den Blick vielleicht nach oben schweifen, der sich dabei in unzähligen Spiegeln verfängt. Die größte Bierspiegelsammlung Deutschlands ist im „Egestorfer Hof" zu bestaunen. Diese sind in die Decke des liebevoll dekorierten Raumes eingelassen. Die Seniorchefin Ulrike Soltau und ihre Kinder Benjamin Soltau und Johanna Kröger haben es mit viel Liebe zum Detail gestaltet. „Wir verbringen unser Leben in diesen Räumen und sind mit sehr viel Herzblut bei der Sache", gesteht Ulrike Soltau und ist mit Recht stolz auf die vielfältige Ausstattung der Räume.

Das Ensemble mit den alten, detailgetreu restaurierten Fachwerkhäusern, die heute als Feriendomizil zu buchen sind, liegt mitten im malerischen Kern des kleinen Ortes. Zu jedem Haus gehört wie selbstverständlich ein schöner Garten. Das passt zu Egestorf mit der schönen alten Kirche St. Stephanus, die immer einen Ausflug wert ist. Wer mag, kann dort heiraten, sich von der Familie Soltau im Oldtimer abholen lassen und im Restaurant das Hochzeitsmahl einnehmen. Im altdeutschen Restaurant wird Gutes aus der Region auf den Tisch gebracht, ausgezeichnet vom „Netzwerk Regionale Esskultur". Mit Events sehr verschiedener Art

Gekochte Heidschnucken-Bällchen

Zutaten
50 g Semmelbrösel
1/2 Tasse Wasser
1/2 Tasse Sahne
500 g Hackfleisch (von der Heidschnucke) oder
375 g Hackfleisch vom Rind
125 g Leber (von der Heidschnucke)
Salz, Pfeffer, Majoran
2 Eier
1 Lorbeerblatt
Wacholderbeeren (nach Belieben)
1 Zwiebel, mit Nelken gespickt
Brühe
2 EL Butter
1 EL Mehl
1 Becher saure Sahne

Zubereitung
Semmelbrösel mit Wasser und Sahne vermischen und 10 Minuten ziehen lassen. Dann das Hackfleisch und die Leber mit Salz, Pfeffer und Majoran verkneten, Eier und Semmelbröselmasse zugeben. Aus dem Fleischteig wallnussgroße Kugeln formen. Diese in kochendem Salzwasser mit dem Lorbeerblatt, Wacholderbeeren und der gespickten Zwiebel 15 Minuten gar ziehen lassen und herausnehmen, dann warm stellen. Mithilfe von Butter und Mehl aus der Brühe eine helle Soße zubereiten, saure Sahne dazugeben und langsam verrühren. 10 Minuten bei schwacher Hitze kochen.

werden Gäste immer wieder überrascht. Im Frühjahr warten Matjes und Forellen darauf verspeist zu werden. Zum Valentinstag kommen nicht nur Verliebte, um sich bei einem mehrgängigen Menü tief in die Augen zu blicken. Wer es lieber deftiger mag, reist zum Schnitzeltag an. Im „Egestorfer Hof" serviertes Fleisch kommt zum Teil aus der eigenen Zucht und wird im Betrieb verarbeitet. Auch sehr beliebt bei allen Gästen sind die Heidschnuckengerichte, speziell das Heidschnuckenrückenfilet. Dazu mundet ein guter Wein. Die Weinkarte bietet eine reiche Auswahl, vorwiegend aus deutschen Anbaugebieten. Dazu kommt ein hervorragender Service. Die Beilagen werden mit einem Lächeln noch in extra dafür bestimmten Schüsseln serviert.
Scheint im Sommer die Sonne, lässt es sich auch im Biergarten gut sitzen. Dazu ein süffiger Gerstensaft – kann die Welt schöner sein?
Die Soltaus wissen, was sie ihrer über 160-jährigen Gastronomentradition schuldig sind. Damals wechselten hier die Kutscher die Pferde. Das Haus war kurhannoversche Postkutschenhaltestelle. Der Hof selbst ist bereits weit über 300 Jahre im Besitz der Familie.
Wer nach so viel Tradition mal etwas Moderne schnuppern will, der besucht die ebenfalls von der Familie betriebene trendige Kneipe „Mr. Ed", nur wenige Gehminuten vom „Egestorfer Hof" entfernt. Bar, Bistro, Lounge und eine Spielecke mit Dart, Kicker und Billard warten hier auf die Besucher. Richtig gute Stimmung herrscht beim Singleabend, beim Ein-Euro- oder schicken Cocktailabend. Das lockt Junge und jung gebliebene Gäste.
„Tradition und Trends vereinen – das wollen wir", sagt Benjamin Soltau und verweist stolz auf das breite Spektrum, das der Betrieb zu bieten hat. „Es ist für jeden etwas dabei", sagt er.

HOTEL RESTAURANT HARTMANN

Hotel Restaurant Hartmann

Hauptstraße 27
29649 Wietzendorf

Telefon 0 51 96 / 96 00
Telefax 0 51 96 / 13 98
www.hotel-hartmann.de

Die alte Backsteinkirche steht noch in der Mitte des Dorfes, drum herum kleine Fachwerkhäuser, an denen Clematisblüten empor ranken. So sehen Dörfer in unseren Träumen aus. Aber es gibt sie wirklich. Wietzendorf ist eines davon. Das „Hotel Restaurant Hartmann“ gleich hinter der Kirche passt mit seiner gemütlichen Gediegenheit dort hinein. Der freundliche Service und die herzliche Atmosphäre lassen jeden Gast ein Gefühl des Angekommenseins empfinden. Der gute Kaffee tut das seine dazu.
Bereits 1675 wurde das Haus als Hof mit Ausspann und Herberge erwähnt, mit der Genehmigung vom Landesfürsten von Braunschweig, Entgelte für besondere Dienste einzufordern.
In der Mitte des letzten Jahrhunderts wurde die Landwirtschaft endgültig eingestellt, der Gastronomiebetrieb dafür aber ausgebaut. „Heidloh“ und „Jägerstuben“ heißen die Restauranträume, dazu gehören Wintergarten, Festsaal und ein Biergarten und natürlich die Hotelzimmer.
Vor gut 30 Jahren übernahmen Margarete Baum, eine gebürtige Hartmann, und Ehemann Kurt den Betrieb von den Eltern mütterlicherseits. Der Hotelfachmann Kurt Baum ist für das Organisatorische zuständig, Margarete Baum verwöhnt die Gäste mit

ihrer Kochkunst. Der Familienbetrieb fordert von beiden höchsten Einsatz, den sie allerdings gerne bringen. „Wir können und wollen gar nicht auf die Zeit gucken", meint Kurt Baum und schaut zufrieden zu seiner Frau. Auch die Nachfolge der über 300-jährigen Tradition ist gesichert. Sohn Fabian lernt in einer Sterneküche und wird den Betrieb übernehmen.

Während Margarete Baum in der Küche steht und Leckeres, wie den am Tisch flambierten Heidschnuckenrücken für vier Personen oder im Januar die große Schlachteplatte zaubert, führt Kurt Baum die Gäste durch den Ort und erklärt Städtern, was eine Dorfgemeinschaft ausmacht. Andere führt er mit der Kutsche durch die schöne Natur ringsum. Auch durch das Wietzendorfer Moor führt dann sein Weg. Wer vorbestellt, kann nach so einer Kutschfahrt auch die besondere Spezialität des Hauses, die in Wiesenheu gegarte Heidschnuckenkeule, verzehren. Wer es nicht ganz so üppig mag, nimmt den Niedersachsenteller mit der Heidschnuckenleber mit Kartoffelpüree und Apfelscheiben. Lecker ist es allemal.

Mit jedem Monat wechselt die Speisekarte. Immer ist das Angebot ganz auf die Jahreszeit abgestimmt. Lamm zu Ostern, Spargel im Frühjahr, Stinte Ende Februar oder das große Gänseessen zum Martinstag – die Küche ist immer regional. Das Wild kommt gar aus der heimischen Jagd.

Ob ein Gast das Pauschalangebot für drei oder vier Tage bucht, mit der Familie große Feste im Saal feiern möchte, eine Ausflugsgruppe mit dem Bus anreist oder ein Paar einen schönen Abend bei einem guten Essen verbringen möchte – alle sind gleichermaßen willkommen.

Heidschnuckenkeule Wietzendorfer Art

Zutaten

2 kg Schnuckenkeule
Salz, Pfeffer aus der Mühle
etwas Paprikapulver
2 EL französischer Senf
2 EL Olivenölmehl
1 kleiner Sack Heu, ungespritzt
Estragon, Thymian, Minze
Petersilienwurzel, Melisse
Schuckenparüren (von Sehnen und Fett befreite Keule)
Mirepoix (= gewürfeltes Röstgemüse)
Crème double
1/2 l trockenen Rotwein
in Honig gedünsteter Celler (Wein)
10 Birnen mit Stil

Zubereitung

Die Keule häuten und mit den Gewürzen und dem Senf kräftig einreiben. Öl im Bräter erhitzen und die Keule von allen Seiten gut anbraten.
Das Heu in einem Bratentopf ca. zwei bis drei Zentimeter dick auslegen und mit ca. zwei bis drei Esslöffeln Wasser beträufeln. Die Keule darauf geben, mit den Kräutern belegen und mit Heu abdecken und nochmals mit zwei bis drei Esslöffeln Wasser beträufeln. Den Topf mit dem Deckel verschließen und für ca. zwei Stunden bei 90 °C in den Backofen schieben.
Aus Parüren, Mirepoix und Rotwein einen Fond herstellen, mit Crème double binden und mit Thymian abschmecken.
Die entkernten Birnen ca. 10 Minuten in Honig und einem Schuss Celler dünsten und dazu servieren.

HOTEL HOF TÜTSBERG

Hotel Hof Tütsberg

Im Naturschutzpark Lüneburger Heide
29640 Schneverdingen-Heber

Telefon 0 51 99 / 9 00
Telefax 0 51 99 / 90 50
www.tuetsberg.de

Ein Weg führt tief in den Wald hinein. Eine Lichtung tut sich auf. Heimelig anmutende kleine Fachwerkhäuser reihen sich an einer Auffahrt bis zu einem Platz, an dem wieder ein Fachwerkhaus steht, dieses aber groß und stattlich, der „Hof Tütsberg". Bereits Ende des 16. Jahrhunderts wird der Hof urkundlich erwähnt. Bis heute hat er nichts von der ihn umgebenden Idylle eingebüßt. Hektik und Stress des Alltags geraten in Vergessenheit.
Seit 100 Jahren werden hier Gäste bewirtet. Der gelernte Koch und Hotelkaufmann Bernd Rummler hat das Anwesen Anfang der 1990er Jahre von seinem Vater übernommen. Der wiederum erwarb es Mitte der 1980er Jahre.
Der Betrieb war damals zu vergeben und da er mit seiner Familie immer schon gerne in die Heide gereist war, konnte er der Verlockung, ein so prachtvolles Gehöft in absoluter Einzellage zu erwerben, nicht widerstehen. Die Nähe der berühmten Heideflächen überzeugte obendrein. Sohn Bernd war begeistert und fand den Beruf des Hoteliers hochinteressant.

Der leidenschaftliche Koch Bernd Rummler kann inzwischen nicht mehr selber in der Küche stehen. „Zuviel anderes ist zu tun, aber die Küche bleibt natürlich das Herz des Betriebes", sagt er. Für das leibliche Wohl der Gäste sorgt inzwischen Daniel Pompetzki. Der 33-Jährige hat einige Jahre Erfahrungen auf Kreuzfahrtschiffen sammeln dürfen, bevor er in der Heide sesshaft wurde. Eine „frische kreative Landküche" will er seinen Gästen bieten. Dazu gehören selbstverständlich Gerichte von Heidschnucke und Wild. Stammgäste bestellen immer wieder den Heidschnuckenrücken mit Zwiebel-Preiselbeermarmelade und Kräuterschaum. Dazu reicht er junge, kleine Kartoffeln, Heidedrillinge genannt. Einfach köstlich! Der Küchenchef verwendet mit Vorliebe Produkte aus der Region, wie Obst aus dem Alten Land bei Hamburg. Spargel und Kartoffeln werden im Ort gekauft und die Heidschnucken und das Wild kommen aus dem Nachbarort. „Bloß keine langen Wege, die Frische ist mir wichtig", betont Daniel Pompetzki. Der Klosterforst ist gleich nebenan, das Wild dort ausgezeichnet. Für Hirsch, Wildschwein und Reh kommen die Gäste von weit her.

Zum Restaurant mit schönem Wintergarten und Kaminzimmer mitten im Naturschutzgebiet der Lüneburger Heide gehört ein großes Gartenareal, darin eine rustikale Schänke, in der auch Familien- oder Betriebsfeste gefeiert werden können. Bei Bedarf wird auch noch ein Zelt aufgestellt.
Wenn aus dem Holzbackofen frisches Brot gezogen wird und auf dem Grill die Steaks und Spieße gar werden, dann mutet die Szenerie mittelalterlich an. Und richtig, Turniere für Bogenschützen und Kochduelle, wie sie vor Hunderten von Jahren üblich waren, werden gefeiert. So wie einst unsere Ahnen es taten. Das ist kein trockener Geschichtsunterricht, sondern erlebbare und lebendige Historie. Regelmäßig lädt der „Hof Tütsberg" zu solchen Veranstaltungen ein. Und wer's nicht ganz so geschichtsträchtig mag, der entscheidet sich vielleicht lieber für einen Bierbraukurs.
Wer danach nicht nach Hause fahren möchte, übernachtet im zum „Hof Tütsberg" gehörenden Hotel. Die Zimmer sind alle mit allergikerfreundlichen Holzfußböden ausgestattet und sehr individuell eingerichtet: schön restaurierte weiß gestrichene Bauernschränke in dem einen oder ganz in blau-gelb gehalten, das so genannte Hochzeitszimmer. Auch für Tagungen ist Platz. Ein großer Veranstaltungsraum mit der nötigen Ausstattung sorgt für ungestörtes Arbeiten in schönem Ambiente.

Regionale Küche soll es schon sein, aber immer mit einem Schuss Raffinesse. Gerne lässt er eine leicht mediterrane Note in die Zubereitung mit einfließen. Kreative Köstlichkeiten wie hausgemachte Gnocchi, bunte Salate, Pastagerichte oder auch mal einen mit Ruccola und Räucherlachs gefüllten Buchweizenwrap findet der Gast auf der Karte.

Die in der Region typischen Gerichte, wie im Winter das Grünkohlessen in großen Gruppen, das Spargelessen im Frühjahr oder all die leckeren Pilzgerichte mit Pfifferlingen und Steinpilzen, kommen nicht zu kurz. Da wird dann auch wieder ganz traditionell gekocht.

Ob raffiniert mediterran oder typisch regional – ein Blick in die Weinkarte lohnt allemal – über 30 Weine aus ausschließlich biologisch-ökologischem Anbau hat Bernd Rummler auf der Karte, darunter auch immer acht bis zehn Raritäten. Weinkenner wissen das Angebot zu schätzen.

„Lebendig, ländlich" lautet das Motto von Bernd Rummler. Dem wird er nicht nur dadurch gerecht, dass sich nachmittags bei schönem Wetter alles im Gartenrestaurant vor dem Haupthaus trifft, die Kinder sich derweil auf dem nur wenige Meter entfernt gelegenen Spielplatz gefahrlos tummeln können und dazwischen ein großer, ganz lieber Hund herumspaziert. Dazu gehört auch der auf dem Grundstück befindliche „Landschaftspflegehof des Vereins Naturschutzpark". Hotelgäste und Seminarteilnehmer kommen ins Gespräch und so mancher Denkanstoß in Sachen Umwelt wird mit auf den Weg genommen.

Überhaupt ist es Bernd Rummler wichtig, das Bewusstsein für die Natur wieder mehr in den Vordergrund zu stellen. Er hat sich „Viabono" angeschlossen, einem Verbund von Gastronomen, die Reisen und die Erhaltung der Natur miteinander in Einklang bringen. Sparsam mit den Ressourcen unserer Erde wollen sie umgehen, dabei aber nicht auf Komfort verzichten. Dass es möglich ist, beweist Bernd Rummler im Hotel „Hof Tütsberg" täglich aufs Neue.

Wie wichtig der Erhalt unserer Natur ist, lässt sich bei einer Kutschfahrt oder ausgedehnten Wanderung durch die Heide mit eigenen Augen erleben. Nicht nur das ältere Publikum weiß ein paar Tage der Ruhe und

Muße, abseits jeder Hektik zu schätzen. Auch immer mehr junge Gäste aus den nicht allzu weit entfernt liegenden Städten Hamburg, Bremen und Hannover nehmen sich gerne mal einige Tage „Auszeit".
Für viele gehört ein verlängertes Wochenende in der Heide bereits zum jährlichen Urlaubsprogramm, auf das auf keinen Fall mehr verzichtet werden kann. Angebote unterschiedlichster Art gibt es das ganze Jahr über. „Tütsberger Frühlingszauber" mit einem Drei-Gänge-Menü und vielen Fitnessangeboten oder die „Lila Pause" mit Barbecue und Kutschfahrt sind nur Beispiele. Willkommen sind auch Reiter. Kilometerlange Reiterwege durch die Heide und Boxen für die Pferde lassen Pferdeliebhaber immer wieder den Weg zum „Hof Tütsberg" finden. Bernd Rummler und Daniel Pompetzki kümmern sich persönlich um die Gäste und deren Wünsche. Menüs für große Feiern werden individuell abgesprochen. „Ich koche mit Herzblut", sagt Daniel Pompetzki und gibt gerne gute Tipps für ein gelungenes Fest.

Heidschnuckenhüfte mariniert in Kürbiskernöl und Bananensaft auf geschmolzenen Kirschtomaten mit Heidedrillingen

Zutaten

2 große Heidschnuckenhüften, ca. 700 g, (wahlweise auch Lammhüfte) vom Schlachter
3 EL Kürbiskernöl
100 ml Bananensaft
200 g Kirschtomaten
1 kleine Frühlingszwiebel
500 g Heidedrillinge (auch Pellkartoffeln genannt)
einen guten Schluck Malzbier (oder ein rotbraunes Bier)
50 g Butter
200 ml Demi glace (braune Grundsoße)
2 EL Weißwein oder Gemüsebrühe
Salz, Pfeffer

Vorbereitung

Heidschnuckenhüfte in dem Kürbiskernöl und dem Bananensaft für ca. sechs Stunden einlegen, Kartoffeln kochen und pellen, Kirschtomaten halbieren und die Frühlingszwiebel in feine Ringe schneiden.

Zubereitung

Hüfte gut abtropfen lassen und in einer Pfanne scharf von beiden Seiten anbraten, danach mit Malzbier ablöschen. Das Fleisch im vorgeheizten Backofen bei 120 °C für ca. zehn bis zwölf Minuten langsam garen. In die heiße Pfanne die Demi glace einrühren und kurz köcheln lassen, den Fond durch ein Sieb in einen kleinen Stieltopf gießen. Die Kartoffeln in Butter langsam erwärmen. Zur Butter wahlweise einen Schluck Weißwein oder Gemüsebrühe geben. Kirschtomaten in wenig Butter anschwitzen, mit Salz und Pfeffer abschmecken und danach die Frühlingszwiebel unterheben. Das Fleisch aus dem Ofen nehmen und unter Alufolie noch ca. vier bis fünf Minuten ruhen lassen. Zum Schluss die Soße mit dem Rest kalter Butter mit einem Pürierstab mixen. Das Fleisch gegen die Faser in Scheiben schneiden und mit den restlichen Zutaten auf vorgewärmten Tellern arrangieren.

BARGFREDENHUS RESTAURANT HEIDE-CAFÉ

Bargfredenhus
Restaurant Heide-Café

Verdener Straße 6
29640 Schneverdingen

Telefon 0 51 93 / 98 27 71
Telefax 0 51 93 / 98 27 72
www.bargfredenhus.de

Bereits 1729 wurde das „Bargfredenhus“ mitten im Stadtzentrum von Schneverdingen erbaut. Ein Querbalken über der Eingangstür zeugt noch heute davon. Vor sieben Jahren übernahm Jonny Gerkau das reetgedeckte Fachwerkhaus. In dem schönen Café und Restaurant mit der idyllischen Gartenterrasse hinter dem Haus bietet er seinen Gästen eine gehobene Gastronomie. Der auch diätetisch geschulte Küchenmeister versteht sich auf die Haute Cuisine ebenso wie auf die Vollwertküche.
Jonny Gerkau hat sein Handwerk bei der Marine gelernt. In 15 Jahren hat er sich dort vom Smutje zum Proviantmeister hochgearbeitet und war zuletzt als Ausbilder in List auf Sylt tätig. „Dort ist der Vorzeigestützpunkt der Marine“, sagt er lachend. Um den Nachwuchs kümmert er sich immer noch und bildet Köche und Restaurantfachkräfte aus.
Kochen wollte er schon als kleiner Junge in der Schule. „Das war schon fast wie ein Zwang“, gesteht er heute. Ungehemmt geht er seiner Leidenschaft nach, unterstützt von seiner Frau Karin, die für den Service und die Organisation zuständig ist.
Eine noch heute vorhandene große Brotfabrik hat ihre Wurzeln in dem alten Fachwerkhaus. Erst Mitte der 1970er Jahre wurde es zu einem Café. Jonny Gerkau fügte eine Speisekarte mit gehobener gutbürgerlicher Küche hinzu. Heidschnucke in allen Variationen, Spargel im Frühjahr und Pfifferlinge

im Herbst gehören dazu sowie köstliche Wildgerichte.
Wird die Küche der Lüneburger Heide im Fernsehen vorgestellt, so wird gerne bei dem einstigen Marinekoch angefragt. Bereits zweimal durfte er vor der Kamera seine Künste zeigen. Auch mit der inzwischen verstorbenen Frau des Altbundeskanzlers Kohl, Hannelore Kohl, durfte er gemeinsam deren Rezepte vor Publikum ausprobieren.
Kein Wunder, ist er doch der Teamkapitän der Regionalmannschaft der Köche Niedersachsens gewesen und erwarb mit seinen Gerichten Medaillen in Basel, Luxemburg und auf der „Grünen Woche“ in Berlin.
In dem schönen Haus in Schneverdingen möchte er das, was den Charakter des Hauses ausmacht, an die Gäste weitergeben. Traditionen und Werte bewahren gehört dazu. In den von Karin Gerkau liebevoll und stilsicher dekorierten Räumen finden deshalb so schöne Abende statt wie der im Winter mit einer Märchenerzählerin. Auf den Tischen stehen selbst gebackene Kekse, im Hintergrund erklingt leise klassische Musik, bis eine Frau beginnt, die alten vertrauten Märchen aus unseren Kindertagen zu erzählen. Das Mehr-Gänge-Menü ist ganz auf diesen Anlass abgestimmt. „Wir möchten unsere Gäste damit auf die bevorstehenden Feiertage einstimmen und ihnen noch einmal Gelegenheit zur inneren Einkehr geben“, erklärt Karin Gerkau. Ein anderes Mal kommt ein Apfelbauer aus dem Alten Land bei Hamburg und erläutert die Obstsorten oder Schauspieler vom Theater der Stadt lesen aus populären Werken. Schöne und eindrucksvolle Stunden, an die sich noch lange erinnert wird, sind es immer.

Heidschnuckenfilet unter einer Wildkräuterkruste

Zutaten

16 Heidschnuckenfilets
Salz, Pfeffer aus der Mühle
2–3 EL Butterschmalz
150 g Butter
2 Knoblauchzehen
2 Eigelb
75 g gemischte Wildkräuter (Bärlauch, Thymian, Rosmarin)
einige Tropfen Estragonessig und Worcestersoße
75 g geriebener Parmesankäse
Kräuterzweige zum Garnieren

Zubereitung

Die Schnuckenfilets mit Salz und Pfeffer würzen. Das Butterschmalz in einer Pfanne erhitzen und die Filets darin auf beiden Seiten kurz anbraten, heraus nehmen und auf eine feuerfeste Form setzen. Die Butter in einer Schüssel schaumig schlagen. Die Knoblauchzehen schälen, sehr fein hacken, mit den Eigelben und den gewaschenen und fein gehackten Kräutern unter die Butter ziehen. Die Butter mit Estragonessig, Worcestersoße, Salz und Pfeffer kräftig würzen und zum Schluss den geriebenen Parmesankäse einrühren. Die Masse gleichmäßig auf die Filets verteilen und bei starker Oberhitze im Backofen oder unter dem Grill überbacken. Die Schnuckenfilets unter der Wildkräuterkruste dekorativ anrichten, mit Kräuterzweigen garnieren. Dazu Bohnenröllchen, Grilltomaten und gratinierte Sahnekartoffeln reichen.

WALDIDYLL HOF BARRL

Waldidyll Hof Barrl

An der Bundesstraße 3
29640 Schneverdingen

Telefon 0 51 98 / 3 51
Telefax 0 51 98 / 6 05
www.landhotel-hof-barrl.de

Mit dem Pferd unterwegs? Kein Problem. Auf dem „Hof Barrl" stehen neun Gastboxen zur Verfügung. Dazu eine große Koppel, auf der die Pferde gut untergebracht sind. Währenddessen mögen die Reiter im Garten unter 300-jährigen Eichen Kaffee trinken oder im rustikalen Ambiente der Gaststube die gutbürgerliche Küche genießen. Im Gäste- und Apartmenthaus stehen komfortable Zimmer bereit. Und das alles verkehrsgünstig gelegen und während einer Heidetour bequem zu erreichen.
Der Familienbetrieb wird vom Senior Karl-Heinz Wachtmann, seiner Frau Monika und dem Sohn Marcus geführt. Der Restaurantfachmann und Koch Karl-Heinz Wachtmann hat die Küche mittlerweile an Sohn Marcus übergeben. Zu viel anderes ist zu tun und der in Hamburg in einem Sternerestaurant ausgebildete Juniorchef versteht sein Handwerk. Der Tradition des Hauses entsprechend, bringt er vorwiegend regionale Spezialitäten auf den Tisch. Rosa gebratenes Roastbeef mit Bratkartoffeln und Remouladensauce gehören ebenso dazu wie der berühmte Heidschnuckenbraten. Spargel- und Grünkohlessen stehen natürlich auch auf dem Programm. Dazu serviert er gerne das so genannte Hausbier, ein spezielles Bier, das auf besondere Weise eingebraut ist. „Für unsere Gäste stets das Beste", ist sein Wahlspruch.
Das Motto scheint im Ort bekannt zu sein, denn viele Vereine und Familien nutzen den

Festsaal mit Kamin für größere Feierlichkeiten oder den so genannten roten Salon für kleinere. Und das alles barrierefrei und behindertengerecht!
Neben sportlichen Reitern wissen auch viele Senioren das Angebot in gemütlich-rustikaler Atmosphäre zu schätzen. Für sie gibt es spezielle Seniorenteller. Eine ganz persönliche Note bekommt der Hof durch die Sammlung verschiedenster Kaffeekannen von Monika Wachtmann. Über Jahre hat sie sie zusammen getragen. Ob groß oder klein, kurios oder elegant – überall stehen die Kannen und können von den Gästen betrachtet und so manches Mal wohl auch bestaunt werden.
Nicht nur älteres Publikum kommt gerne auch zur „Entenvesper". Nach einer Vorsuppe von Pfifferlingen kann jeder so viel Ente auf Orangenrahmsauce essen, wie er mag und kann. Dazu gibt es Backpflaumen, Aprikosen und gedünstete Apfelspalten, Preiselbeeren und Maronenbutter. Außerdem hausgemachten Apfelrotkohl, gefüllte Kartoffelknödel und Kroketten. Hinterher Lebkuchenparfait mit Honigmandelkrokant und Bourbonvanillesauce.
Andere wieder bevorzugen den Lammrücken. Ein Gericht, das auch schon mal im Fernsehen vorgestellt wurde. Aber bitte vorbestellen!

Wenn es seine Zeit erlaubt, gesellt sich der Seniorchef gerne mal zu seinen Gästen. „Ein gemütlicher Schnack muss immer drin sein", meint er. Vielleicht erzählt er dann aus der langen Geschichte des Hauses, das einmal zu den größten Höfen im Kirchspiel gehörte.

Lammrückenfilet unter der Kräuterkruste auf Machandelsauce

Zutaten
400 g Lammrückenfilet
2 EL Butaris
Salz, Pfeffer

Für die Kruste
4 Knoblauchzehen
2 EL geschnittene glatte Petersilie
125 g weiche Butter
8 Scheiben Toast
2 EL Pommery-Senf
1 Eigelb
Salz, Pfeffer

Für die Soße
0,2 l Rotwein
0,5 l brauner Lammfond
60 g Preiselbeermarmelade
Sahne
Salz, Pfeffer
60 g kalte Butter

Zubereitung
Für die Kruste die Knoblauchzehen schälen und mit der Petersilie in der Moulinette fein mixen. Die Butter in der Maschine etwa 15 Minuten schaumig schlagen. Das Toastbrot entrinden, leicht antoasten und reiben. Zusammen mit Senf und Eigelb unterrühren, mit Salz und Pfeffer würzen.
Das Lammrückenfilet würzen. Zuerst auf der Fettseite, dann rundherum anbraten, bis sich die Poren geschlossen haben. Den Bratensatz mit dem Rotwein ablöschen, den Lammfond zugeben, etwas köcheln lassen, die Preiselbeeren und etwas Sahne zugeben, mit Salz und Pfeffer abschmecken und zur Bindung die eiskalte Butter einarbeiten. Die Lammrückenfilets auf ein Backblech in den auf 180 °C vorgeheizten Backofen geben. Nach fünf Minuten auf 100 °C reduzieren und das Lamm ca. zehn Minuten garen. Das Fleisch ca. fünf Minuten ruhen lassen, anschließend die Kruste darauf verteilen und unter dem Grill goldbraun gratinieren.

RAMSTER

Ramster

Heberer Straße 16
29640 Schneverdingen

Telefon 0 51 93 / 68 88
Telefax 0 51 93 / 5 03 90
www.hotel-ramster.de

Bereits mit 23 Jahren übernahm Marcus Ramster, nach dem Tode seines Vaters, das Restaurant und Hotel „Ramster". Der schon damals vielfach ausgezeichnete junge Koch hat es auch im Jahre 2006 wieder zu einer Erwähnung im Guide Michelin, der „Bibel unter den Restaurantführern" gebracht. Im geschmackvollen Ambiente des Restaurants und auf der großzügigen Terrasse lässt es sich gut speisen.

Der einstige Niedersächsische Jugendmeister der deutschen Köche wollte eigentlich gar nicht Koch werden. Aber dann hat er, auf Geheiß seines Vaters, noch zu Schulzeiten ein Praktikum in der Küche gemacht und zu unser aller Glück Gefallen an der Arbeit am Herd gefunden. „Richtig Spaß hat das dann plötzlich gemacht", gesteht der inzwischen 32-Jährige. Noch heute strahlt er pure Begeisterung aus, wenn er vom Kochen spricht und Details seiner raffinierten Küche preisgibt. Die gibt er als Ausbilder inzwischen auch an den Nachwuchs weiter.

Das wunderbare gebratene Lachsfilet in Pommery-Senf-Sauce mit Würfelkartoffeln und jungem Gemüse wäre nicht nur den Kennern des Hauses „Ramster" entgangen, wäre das Praktikum damals anders ausgegangen. Dazu empfiehlt er einen Riesling vom Weingut Wittmann bei Worms. Dabei

möchte der in Bayern gebürtige Koch seinen Gästen erstklassige Qualität zu einem fairen Preis bieten. Es ist ihm gelungen!
In Schneverdingen ist er schnell heimisch geworden, zumal er hier auch seine Lebensgefährtin gefunden hat, die voll und ganz hinter ihm und seiner Passion des Kochens steht.
Die Familie fühlt sich den Menschen in Schneverdingen sehr verbunden. Diese buchen denn auch gerne das Restaurant, um Hochzeiten oder andere Familienfeste zu feiern. Übernachtet wird in den schönen Hotelzimmern über dem Restaurant.
Den großen Garten nutzt Marcus Ramster für gesellige Jazzfrühschoppen. Dazu serviert er Flammkuchen und Wein oder auch deftige Bratwurst mit einem guten Bier. Sehr beliebt, nicht nur bei den Schneverdingern, sind auch die Weinverkostungen im kleinen Kreis. Die Weinkarte im „Ramster" spiegelt das wider. Unter 80 verschiedenen Weinen, vorwiegend aus Deutschland, Italien und Frankreich, kann der Gast wählen. Wem die Wahl schwer fällt, darf sich sorglos an die versierten Servicekräfte wenden und auf deren Empfehlungen vertrauen.
In dem zu den führenden Häusern in Schneverdingen zählenden „Ramster" will Ramster seinen Gästen gehobene Regionalküche „immer mit einem besonderen Pfiff" servieren. Das Besondere des Hauses wird auch im Kleinen deutlich. So beginnt ein Mahl im „Ramster" stets mit Baguette und Rahmbutter aus der Normandie und endet mit einer handgefertigten Praline.

Heidschnuckenkeule in Wacholderrahm

Zutaten

1,6 kg Heidschnuckenkeule
3 EL Wacholderbeeren
Salz, Pfeffer
50 g Butterschmalz
3 Zwiebeln
1 Karotte
1/2 Stange Lauch
3 Lorbeerblätter
2 Gewürznelken
1/2 l Rotwein
1/2 l Fleischbrühe
1 EL Weinessig
400 g Schmand

Alufolie

Zubereitung

Die Heidschnuckenkeule häuten. Haut und Abschnitte aufheben. 2 EL Wacholderbeeren im Mörser zerdrücken und die Keule mit der Hälfte der Beeren einreiben, dann mit Salz und Pfeffer würzen. Die Keule in die Saftpfanne des Backofens legen, mit heißem Butterschmalz begießen. Zwiebeln schälen und in Würfel schneiden, Karotten schälen, Lauch putzen und beides in kleine Stücke schneiden. Mit den Lorbeerblättern, Nelken und den Hautabschnitten um die Keule auf der Pfanne verteilen. Im heißen Ofen bei 190 °C ca. 60 Minuten braten. Rotwein, Brühe und Essig mischen und Röststoffe damit ablöschen. Die Keule aus dem Ofen nehmen, in Alufolie einschlagen und ziehen lassen. Pfanneninhalt in einen Topf umfüllen, Röststoffe mit restlichem Weingemisch ablöschen, mit Schmand und restlichen Wacholderbeeren fünf Minuten kochen lassen. Die Soße durch ein Sieb gießen. Keulenfleisch mit einem Messer vom Knochen lösen, in Scheiben schneiden und auf einer Platte anrichten.

HEIDSCHNUCKEN

Was woanders schlicht Schaf genannt wird, heißt in der Lüneburger Heide Heidschnucke. Gut, etwas anders, sprich genügsamer, als andere mögen sie schon sein. Aber das müssen sie wohl auch angesichts der kargen Böden in der Heide. Saftige Wiesen gibt es hier kaum, im Gegenteil, die Gräser müssen fast einzeln während langer Wanderungen mit dem Schäfer zwischen all der Heide aufgespürt werden. Und dann springen auch noch ständig die Hütehunde zwischen den Beinen herum. Leicht hat es so eine Heidschnucke nicht. Obwohl die Tiere nicht unbedingt dafür bekannt sind, sich jedem Menschen gleich freundschaftlich in die Arme zu kuscheln, sondern eher als scheu gelten, sind sie doch zu einem lebenden Wahrzeichen der Heide geworden. Das Bild vom Schäfer mit einer Herde Heidschnucken geistert seit jeher durch die Köpfe von Heidetouristen und entspricht ja auch bis in unsere Tage der Realität.
Die Heidschnucken sorgen mit ihrem Fressverhalten und natürlichen Ausscheidungen mit für den Fortbestand dieser einzigartigen Kulturlandschaft und das allein sollte genügen, um ihnen Dank zu zollen.
Schön anzusehen sind sie obendrein auch noch. Das Haar trägt die Heidschnucke extrem lang und in einem leicht grauen Ton, Schwanz und Kopf dagegen sind schwarz. Sowohl männliche als auch weibliche Schafe besitzen Hörner. Die der Mutterschafe sind elegant nach hinten abgebogen, die Hörner der Böcke sind schneckenförmig aufgedreht.

Da kommen gewöhnliche Hausschafe nicht mit. Die Wolle der Heidschnucken allerdings taugt nur zur Herstellung grober Gewebe. Wahrscheinlich stammen sie von den Mufflons auf Korsika und Sardinien ab, kommen aber auch mit dem rauen Klima im Norden Deutschlands gut zurecht. Bis ins 19. Jahrhundert hinein waren die Heidschnucken die bedeutendste Nutztierart der Region. Heute machen ihnen auch hier Rindviecher den Rang streitig.
Obendrein, hitzige Tierliebhaber und überzeugte Vegetarier mögen es verzeihen, schmecken sie auch noch extrem gut. Was wäre ein Urlaub in der Heide ohne einen Heidschnuckenbraten? Überhaupt nicht vorstellbar!

HAUS SPÖKTAL

Haus Spöktal

Spöktal 1–2
29646 Bispingen

Telefon 0 51 94 / 23 20
Telefax 0 51 94 / 29 18
www.haus-spoektal.de

Zwei Gäste kehren von einer Wanderung durch die Heide zurück. „Nun erst mal einen Tee", sagt entschlossen die ältere Dame und geht in den Speiseraum. Dort ist schon alles aufgebaut. Helles Holz dominiert im Innern des Hauses und schafft eine freundliche Atmosphäre.
Am Nachmittag dürfen die Gäste sich hier nach Herzenslust selbst bedienen, Tee und Kaffee nach eigenen Wünschen zubereiten. Säfte, Wasser und ab und an Kuchen stehen bereit.
Mitten im Wald, umgeben von einem prächtigen Naturgarten, liegt das „Haus Spöktal". Eva-Maria Marold und ihr Bruder Hartmut legen Wert auf gesunde Lebensweise. Nach dieser Maxime haben sie ihr Gästehaus ausgerichtet. „Wir haben ein Gästehaus, kein Hotel", betont die hochgewachsene Frau. Den Begriff Hotel verbindet sie mit Anonymität und die soll es im „Haus Spöktal" nicht geben. „Hier soll sich jeder wie zu Hause fühlen", meinen die Besitzer. „Wir wollen hier ein ungezwungenes Miteinander pflegen." Schon 1924 erwarben die Großeltern von Eva-Maria und Hartmut Marold das Anwesen. Pfingsten 1926 wurde das erste Haus eröffnet. Später wurde ausgebaut und renoviert, zu einem Erholungsheim mit gesunder vegetarischer Kost. „Der Großvater war Landwirt und die Großmutter wollte etwas für Kinder tun", erklärt die Enkelin „ ... und

schließlich ist dann eben ein vom Reformgedanken getragenes Erholungsheim hier entstanden."
Gesund ist die Ernährung immer noch, inspiriert vom Vollwertgedanken. Aber es wird in der Küche auch sehr viel Wert darauf gelegt, dass es den Gästen gut schmeckt.

Alles muss frisch und der Jahreszeit entsprechend sein. Einiges wird im nahe gelegenen Naturkostladen „GenussReich" eingekauft, Fleisch und Fisch bereichern auf Wunsch ab und an den Speiseplan, wichtig ist die kontrollierte Bio-Garantie. Bis heute kommen viele Gäste nur, um wieder einmal Kartoffelsuppe mit ganz viel Gemüse und danach Eierkuchen mit Apfelmus zu essen. Diese Tradition stammt aus der westpreußischen Familie der Gründerin. Seit nunmehr 80 Jahren wird am Samstag dieses Mahl gereicht.
Wer Kultur mit gutem Essen verbinden will, der sollte einen der Konzertabende besuchen. So werden zum Beispiel Stücke des Komponisten Jean Barriere aufgeführt, ein Geheimtipp für Liebhaber der frühen Klassik. Wer es lieber literarisch mag, der geht zu einem Märchenabend oder einem Gedichtvortrag.
Bis zum heutigen Tag ist der Betrieb im Familienbesitz. Der Vater des Geschwisterpaares ist der „Handwerker für alles" und unersetzlich. „Ohne ihn würde hier vieles gar nicht funktionieren", gesteht die Chefin. Ihr Bruder Hartmut, ein gelernter Hotelkaufmann, ist auch für die Betriebsführung und für die Küchenleitung zuständig. Seine Frau Svetlana kommt aus Russland und bereitet unter anderem das Frühstück. Zudem überrascht sie die Gäste mit so mancher Leckerei aus dem Osten.

Tante Inga hat jahrzehntelange Erfahrung in der Küche und kennt die traditionellen Familienrezepte. Die in der Küche verwendeten Kräuter werden auch im Garten angebaut. Die gelernte Gärtnerin Eva-Maria Marold lässt es sich nicht nehmen, sich persönlich um den Garten zu kümmern. Und so findet sich dort eine Vielzahl von Blumen in naturnahem Zusammenspiel mit der Landschaft. Auf dem Gelände hat zudem ein

kleiner Bach seine Quelle. Daneben gibt es eine große Wiese, auf der die Kinder sich austoben können, kein Auto wird sie stören. Die Eltern mögen sich derweil in der finnischen Fasssauna in einem abgeschiedenen Teil des Gartens erholen. Gut aufgeheizt ist diese natürlichste Form des Saunierens ein besonderer Genuss.

Der Spaziergang über das große Gelände gewinnt einen ganz eigenen Reiz in der milden Abendsonne. Gerade die älteren Gäste gehen gerne die Wege entlang und erliegen dem Duft der Heide und Kräuter. Um diese

Zeit trifft man dort manchmal auch Eva-Maria Marold. „Hier fühle ich mich wohl. Ich brauche Grün um mich", sagt sie und schaut entspannt und zufrieden auf ihre Blumen.

Wer zur Ruhe kommen will oder einfach nur die Seele baumeln lassen möchte, der erklimmt den Heidberg. Auch der liegt auf dem Grundstück. Die rund 13 Meter bis zum Gipfel sind auch für Ungeübte leicht zu schaffen. Die Beine von sich gestreckt, schweift der Blick über Mischwald und Heide. Der Platz lädt zum Meditieren ein und war in alter Zeit schon dafür bestimmt.

Neben dem Haus mit den 60 Betten, verteilt auf verschiedene Häuser, darunter einige mitten im Wald, liegt die „Praxis für integrative Therapie und Qi Gong", betrieben von Sergej Marold, dem Ehemann der Hotelbesitzerin. Wer den Urlaub dazu nutzen will, mit sich selbst ins Reine zu kommen und eine Reise ins eigene Innere nicht scheut, hat die Möglichkeit, Therapiestunden zu nehmen. Es gibt also viele Möglichkeiten, im „Haus Spöktal" Kraft für den Alltag zu schöpfen – an einem besonderen Ort bei engagierten Menschen.

Spöktaler Kartoffelsuppe

Zutaten

(Menge nach Belieben und Bedarf)
Kartoffeln, möglichst die Sorte „Linda" wählen
Karotten
etwas Knollensellerie
ein wenig Petersilienwurzeln, wenn vorhanden
Lauch
frisches Liebstöckel
frische Petersilie
frischer Dill
frischer Kerbel
Meersalz
Butter
etwas gekörnte Gemüsebrühe

Zubereitung

Kartoffeln waschen, schälen und in etwas Salzwasser – leicht bedeckt – garen. Dann die Karotten, den Knollensellerie und die Petersilienwurzeln sowie den Lauch waschen. Die Karotten und den Sellerie in kleine Würfel und den Lauch in feine Streifen schneiden. Die frischen Kräuter waschen und klein hacken. Alles in einem Sieb abtropfen lassen und bereitstellen. Wurzelgemüse in etwas Wasser zum Kochen bringen, etwas später den Lauch hinzugeben und danach, wenn die Hitze gut durchgekommen ist, alles bei geringer Temperatur gar ziehen lassen. Sobald die Kartoffeln gar sind, das Wasser abgießen und zur Seite stellen. Nicht wegschütten! Die Kartoffeln mit etwas Meersalz, Butter und gekörnter Gemüsebrühe stampfen. Dann das gare Gemüse mit dem Restwasser dazugeben und vorsichtig unterrühren. Liebstöckel und einen Teil der gehackten Kräuter dazugeben, dann abschmecken und Konsistenz überprüfen und je nach Geschmack die restlichen Kräuter darüber streuen.

GENUSSREICH

Nach einem Spaziergang führt der Weg vielleicht in eine kleine Seitenstraße. Dort findet sich dann das Reich der Genüsse. Am Haus sind noch die Reste alten Fachwerks zu erkennen, innen überwiegt helles Holz und naturbelassene Birke. Die von dem Künstler Lothar Farwigh gefertigten Deckenlampen aus Straußeneiern lassen den Verkaufsraum vom Licht durchflutet erscheinen.
Im April 2005 hat Kay Groothoff den Naturkostladen eröffnet. Gesund und natürlich ist die Angebotspalette. „Aber wir sind nicht dogmatisch", betont sie. Ihr selbst fehlte einst beim täglichen Einkauf ein Geschäft, in dem sie ihre Vorstellungen von gesunder und zugleich genussvoller Ernährung und Lebensweise umsetzen konnte. Da hat sie eben selbst eines eröffnet – mit Erfolg.
Neben einer umfangreichen Käsetheke finden sich im Angebot auch über 60 verschiedene Bioweine, Honig von Imkern aus der Region oder in Italien hergestellter Kakao mit exotischem Chili-Aroma. Edle Brände und ausgesuchte Öle gehören ebenso ins Sortiment. Besonders beliebt bei vielen Kunden sind Hirschsalami und Wildschinken.
Im Geschäft gibt es aber nicht nur Genüsse für den Gaumen. Stoffe aus der Toskana, Kerzen oder handgefertigte Holzschalen eines Künstlers aus der Region sind auch zu bestaunen.
Eine echte Besonderheit entdecken Kenner in der Musikecke des Ladens. Hier werden Liebhaber von samtiger Jazzmusik fündig. CDs der Firma Skip Records, die nicht überall zu haben sind – hier gibt es sie. „Schönheit und Ästhetik in den Alltag zu bringen ist mir wichtig", erklärt Kay Groothoff die große Angebotspalette.
Inzwischen beliefert „GenussReich" auch Hotels in der Region, die es sich ebenfalls zur Aufgabe gemacht haben, das Schöne mit dem Gesunden zu verbinden, so zum Beispiel das „Haus Spöktal".

GenussReich

Bergstraße 2
29646 Bispingen

Telefon 0 51 94 / 98 21 02
Telefax 0 51 94 / 98 21 03
www.genussreich-bispingen.de

LANDIDYLL HOTEL FORELLENHOF

Landidyll Hotel Forellenhof

Straße K130
Ortsteil Hünzingen Nr. 3
29664 Walsrode

Telefon 0 51 61 / 970-0
Telefax 0 51 61 / 970-123
www.forellenhof.de

Fritz Fuhrhop schlendert an der Rezeption vorbei, schaut hier und dort nach dem Rechten, setzt sich dann zufrieden zu einem der Gäste an einen der Tische im Foyer und beginnt ein Fachgespräch über Forellenzucht und die beste Art der Zubereitung dieses Gaumenschmauses. Da kennt er sich aus und gibt gerne sein Wissen zum Besten.

Das Vier-Sterne-Hotel im Landhausstil bietet in der Ruhe und Beschaulichkeit der Heide viel Komfort. Angefangen hat alles mit einer Landwirtschaft, aus der dann in den späten 1960er Jahren der „Forellenhof" wurde. Es gibt im benachbarten Fachwerk-Gästehaus gemütliche Ferienwohnungen; komfortable Gästezimmer finden sich im Haupthaus.

Auch heute noch nennen die Fuhrhops 15 Pferde ihr Eigen. Auf zehn Hektar Grünland finden sie ihr Zuhause, wenn sie nicht gerade den Landauer ziehen oder bei einer anderen Kutsch- oder Planwagenfahrt benötigt werden. Die sind nämlich bei den Gästen des „Forellenhofs" sehr beliebt – sei es anlässlich einer Hochzeit, bei Ausflügen, großen Firmenfesten oder einfach nur mal so, um den Kindern eine Freude zu machen. Familien mit Kindern sind in der ländlichen Idylle des „Forellenhofs" besonders herzlich willkommen.

Weder bei den Eltern noch bei den Kindern wird Langeweile aufkommen. Osterfeuer, Abende mit Live Musik oder Radwanderungen durch die schöne Heidelandschaft lassen die Zeit wie im Fluge vergehen.

Abends trifft man sich dann in gemütlicher Atmosphäre bei vorzüglichen Mahlzeiten, die keinesfalls immer nur dem Wasser entstammen. Der traditionsreiche Familienbetrieb bietet beispielsweise in den „Schnuckenwochen" Köstlichkeiten aus der Heide an, zur Spargelzeit Gerichte rund um dieses edle Gemüse und zum Jahresschluss Leckeres von der Gans und Wildspezialitäten. Außerdem wird regelmäßig im Sommer auf der Terrasse gegrillt. Die kleinen Gäste mögen das besonders gerne. Und auch die Großen schauen versonnen in die Glut des Feuers und lassen den Tag Revue passieren. Aber der Name sagt es: Gerade die Forellen

und Karpfen sind hier besonders gut. Natürlich alle fangfrisch zubereitet vom Küchenchef Martin Machler mit seinem Team. Schon die Großmutter des jetzigen Besitzers legte die ersten Karpfenteiche an. Später wurden dann auch noch Forellen gezüchtet. Der Edelfisch ist in Deutschland einer der beliebtesten Speisefische.
Dazu schmeckt ein von Braumeister Bernd Meyer im Haus gebrautes „Schnuckenbräu“. Hier gibt es noch Flaschen mit Bügelverschluss. Wer mag, kann beim Brauen zuschauen oder sich an einem Brauseminar beteiligen. Die kleine Brauerei im Haus ist für Gäste offen und der Braumeister freut sich über Besucher, die an seinem Handwerk interessiert sind.
Wer darüber hinaus noch Wünsche hat, der möge sich vertrauensvoll an den freundlichen Juniorchef in der Lederweste wenden. Er wird's schon richten.

Variation von heimischer Bachforelle – in Schnuckenbierteig gebacken – und Riesengarnele auf Rahmsauerkraut mit sautierten Heidekartoffeln an Preiselbeer-Meerrettich-Soße

Zutaten
für den Schnuckenbierteig
2 Eier
300 ml Schnuckenbier
125 g Mehl
Salz, Pfeffer

für die Preiselbeer-Meerrettich-Soße
1 Schalotte
$^{1}/_{2}$ EL Butter
$^{1}/_{4}$ l Sahne
$^{1}/_{4}$ l Fischfond
3 EL Meerrettich
3 EL Preiselbeeren
Salz, Pfeffer, Zucker
Saft 1 Limette

für die Heidekartoffeln
750 g Kartoffeln
Salz, Butter, Rosmarin

für das Rahmsauerkraut
2 Schalotten
300 g frisches Sauerkraut
4 Wacholderbeeren
2 Lorbeerblätter
125 ml Weißwein
1 rohe Kartoffel

für die Riesengarnelen
8 Riesengarnelen
2 Forellen
2 Knoblauchzehen
Salz, Pfeffer, Zitrone, Mehl

Zubereitung
Für den Bierteig Eier trennen, Eigelb mit Salz, Pfeffer, Mehl und Bier glatt rühren und das geschlagene Eiweiß unterziehen.
Für die Soße die Schalotte fein würfeln und in Butter glasig dünsten, mit Sahne und Fischfond ablöschen, danach einreduzieren. Meerrettich und Preiselbeeren dazugeben und mixen, je nach Geschmack mit Salz, Pfeffer, Zucker und Limettensaft abschmecken.
Die Kartoffeln schälen, in gesalzenem Wasser gar kochen und abdämpfen. In einer Pfanne etwas Butter zerlassen, die Kartoffeln darin schwenken und mit Salz, Pfeffer und Rosmarin würzen.
Für das Rahmsauerkraut die Schalotten in Butter glasig dünsten, das Sauerkraut hinzugeben und 30 Min. köcheln lassen. Die Wacholderbeeren und die Lorbeerblätter dazugeben, mit Weißwein und Sahne auffüllen und Salz, Pfeffer sowie Zucker nach Geschmack beifügen. Die rohe Kartoffel geschält auf der feinen Reibe reiben und zu dem Kraut geben. Nach 10 Min. die Beeren und die Lorbeerblätter entfernen und anrichten.
Die Garnelen schälen und dann säubern. Forellen filetieren und von der Haut lösen. Nun die Garnelen in geklärter Butter mit frischem Knoblauch und Rosmarin von beiden Seiten anbraten. Die Forellenfilets würzen, durch den Bierteig ziehen und anschließend in tiefem Fett ausbacken. Alle Komponenten zusammen anrichten.

PARKHOTEL LUISENHÖHE

Parkhotel Luisenhöhe

Ahrsener Straße 2
29699 Bomlitz

Telefon 0 51 61 / 9 86 20
Telefax 0 51 61 / 23 87
www.luisenhoehe.de

Wer den Blick aus dem Fenster eines der komfortablen Gästezimmer schweifen lässt, schaut hinüber zum Vogelpark Walsrode. Aber das „Parkhotel Luisenhöhe" hat noch weit mehr als die Aussicht auf rosa Flamingos zu bieten.
Arrangements über Feiertage wie Weihnachten oder Ostern gehören dazu ebenso wie zweitägige Kochkurse oder Radwandertage. Außerdem bieten geräumige Tagungsräume mit modernster Ausstattung und dem dazugehörigen Service Geschäftsleuten den richtigen Rahmen für Schulungen, kleine Kongresse oder gar Klausurtagungen. Nach einer Wanderung per Rad oder auch zu Fuß durch die landschaftlichen Schönheiten der Südheide, nach genussreichen Stunden im großzügigen Wellnessbereich oder Besprechungen unter Geschäftsfreunden, mag der Tag wohl an einem Tisch am Mühlrad ausklingen. Das einstmals im Schwarzwald lustig klappernde Rad ist nun in der Heide hinter Glas zu bestaunen; aber unentwegt dreht es sich zu seiner sanften Melodie. Erinnerungen an Zeiten, in denen es noch Märchen gab, werden wach. Wenn das Licht

gegen Abend sanfter wird, meint man zu sehen, wie ein kleiner Wassermann seinen Schabernack treibt.
Im Winter allerdings ist es auch vor dem Kamin richtig schön gemütlich und im Sommer natürlich auf der großen Terrasse. Hier lässt sich der Sonnenuntergang nach einem Tagungstag genießen oder der Kaffee in der Pause.
In diesem Ambiente schmeckt der vom Küchenchef Hartwig Mattfeld zubereitete

Salat vom grünen Spargel mit Tomaten-Basilikum-Eis doppelt gut. Der 42-jährige gebürtige Walsroder ist nach Zwischenstationen im Schwarzwald, auf Sylt und vielen anderen Regionen Deutschlands gern in seine Heimat zurückgekehrt. Der stattliche Mann ist Koch aus Leidenschaft. Schon im Alter von gerade 13 Jahren versuchte er sich in Mutters Küche.
Heute ist er ein Meister seines Fachs und bevorzugt regionaltypische Gerichte; immer aber mit einer gewissen Raffinesse. „Da gibt es ja hier so viele Rezepte, dass ich die Karte alle drei Wochen wechsele", schwärmt er. Selbstverständlich gehören Buchweizentorte und Heidschnuckenbraten immer wieder auf die Karte. Das Fleisch kauft er beim Schäfer. „Der ist ja gleich hier in der Nähe", sagt er. Hartwig Mattfeld legt Wert darauf, bei Händlern in der Region zu kaufen. „Da weiß ich, was ich habe und alles ist immer frisch", fügt er hinzu.
Bevor der Tag zur Neige geht, mundet dann noch ein Wein an der Vinothek. Edle Weine aus Deutschland, Frankreich und Italien stehen zur Auswahl. Die Ruhe des Abends mag dann dazu verleiten, den einen oder anderen Wein zu probieren und als schöne Erinnerung eine Flasche vom neuen Lieblingswein mit nach Hause zu nehmen.

Medaillons vom Heidschnuckenrücken mit Kräutern überbacken auf Pfifferlingen in Himbeeressig

Zutaten

4 sauber geputzte Heidschnuckenrückenstangen (à 80 g)
Olivenöl
je 1 Thymian- und Rosmarinzweig
Salz, Pfeffer, Muskat
300 g Toastbrot
100 g Petersilie
150 g Butter
3 Eigelb
300 g sauber geputzte und gewaschene Pfifferlinge
Butterschmalz
Himbeeressig

Zubereitung

Die Heidschnuckenrückenstangen in Olivenöl mit Thymian- und Rosmarinzweig anbraten und mit Salz und Pfeffer würzen.
Rinde vom Toastbrot entfernen. Petersilie, Rosmarin und Thymian von den Stängeln zupfen. Toastbrot und Kräuter in einer Küchenmaschine mixen.
Butter schaumig schlagen, Eigelb hinzufügen und die Toast-Kräuter-Mischung unterheben. Mit Salz, Pfeffer und Muskat abschmecken.
Die Masse auf die angebratenen Medaillons geben und im Ofen 8–10 Min. überbacken.
Die Pfifferlinge in einer heißen Pfanne mit Butterschmalz anbraten. Mit Himbeeressig ablöschen und mit Salz und Pfeffer abschmecken. Die Pfifferlinge auf ein Sieb geben, den austretenden Saft auffangen und mit kalten Butterflocken binden. Pfifferlinge hinzufügen und anrichten.
Als Beilage passen dazu Kartoffeln, Nudeln und Gemüse der Saison.

LZ
HELMS
D
Bülows Kamp

Lüneburg verlieh der einzigartigen Heidelandschaft dieser Region ihren Namen. Mit über 70 000 Einwohnern gehört die Stadt an der Ilmenau zu den großen in der Heide.
Die Altstadt liegt auf einem Salzstock, durch den der Ort zu Reichtum gelangte. Einer Sage nach wurde das erste Salz von einem Jäger entdeckt. Im Fell einer Wildsau fand er Salzkristalle.
Hartnäckig hält sich das Gerücht, dass die Heide durch den Holzeinschlag, der für den Betrieb der Saline benötigt wurde, entstand. Wenn es auch stimmt, dass Heidelandschaften durch die Vernichtung von Waldbeständen entstehen, so ist doch keinesfalls historisch gesichert, dass die Erbauer der Saline unter der Altstadt von Lüneburg für das Entstehen der Lüneburger Heide verantwortlich zu machen sind. Viel eher ist anzunehmen, dass bereits in der Bronzezeit die Menschen begannen Holz zu schlagen und so den Boden bereiteten für die Entstehung der Heide. Aber die Saline unter der Stadt führte zu einer Aufschüttung, auf der eine Fluchtburg errichtet wurde, die Lüneburg den Namen gab.
Salz, das weiße Gold, spielt bis heute eine große Rolle in der Stadt. Nach der Stilllegung der Saline im Jahre 1980 wurde im ehemaligen Siedehaus das Deutsche Salzmuseum errichtet. Dort wird in anschaulicher Art alles über das Salz, aber auch die Geschichte des ältesten und einstmals größten Industriebetriebs Mitteleuropas erzählt.
Salz mag für die Menschen heute ein fast wertloses Gewürz sein, ist es doch überall zu

haben. Im Mittelalter war das anders. Salz verlieh den Speisen die Würze und war das einzige Mittel, um Nahrungsmittel haltbar zu machen. So war mit dem Salz eine Möglichkeit gefunden, auch im Winter schmackhafte Gerichte auf den Tisch zu bringen.
Das Salz verhalf Lüneburg früh zu einem Platz in der Hanse, einem 1158 entstandenen Zusammenschluss von Handelsstädten. Das Lüneburger Salz wurde gebraucht, um die in Nord- und Ostsee gefangenen Heringe einpökeln zu können. Auf diese Weise konserviert, konnten sie problemlos bis ins Binnenland transportiert und dort verkauft werden.
Der Weg von Lüneburg, durch Schleswig-Holstein bis nach Lübeck, wo das Salz auf den Schiffen gebraucht wurde, wurde zur „Salzstraße", einer der berühmtesten Handelsstraßen des Mittelalters. Die Orte entlang der Handelsstraße gelangten zu Reichtum, der oft noch heute zu sehen ist.
Mitte des 16. Jahrhunderts blieben die Heringe aus, die Hanse verlor an Bedeutung und Lüneburg verarmte. Neue Häuser wurden nicht mehr gebaut, die Stadt fiel in einen Dornröschenschlaf, was dem heutigen Besucher ein fast unverändert erhalten gebliebenes Stadtbild schenkt. Inzwischen ist Lüneburg gerade wegen der schönen Altstadt zu einer touristischen Sehenswürdigkeit geworden. Malerische Gassen mit Kopfsteinpflaster und zahlreiche Cafés und Restaurants rund um den Marktplatz laden zu einem Bummel ein.

Auch die Studenten der Lüneburger Universität verbringen hier nicht selten die freien Stunden zwischen den Vorlesungen und sorgen so für junges Leben in der Stadt. So manch einer mag sich auch deshalb für ein Studium in Lüneburg entschieden haben, weil die Stadt die größte Kneipendichte Deutschlands und nach Madrid die zweitgrößte in Europa aufweist. Viele der weit über 300 urigen Kneipen und Gaststätten sind in historischen Häusern in der Altstadt, auf dem Stintmarkt, dem Markt und der Heiligengeiststraße zu finden.
Kultur wird wie überall in der Region groß geschrieben. Zwar ist das Theater der Stadt nicht groß, aber dennoch ist es ein Drei-Sparten-Theater. Weder Schauspiel, Tanz noch Oper gelten in Fachkreisen als provinziell. Und wenn die historische Stadt an sich schon als Freilichtmuseum gelten kann, so kommen dazu noch weitere Museen und unbedingt sehenswerte Kirchen. Die über 700-jährigen Kirchen St. Michaelis und St. Nikolai sind nur Beispiele dafür. Und zwischen all der Kultur lohnt ein Blick in die vielen kleinen Geschäfte mit den schönen und nicht alltäglichen Angeboten in der Altstadt Lüneburgs.

ZUM ALTEN BRAUHAUS

Zum alten Brauhaus

Grapengießerstraße 11
21335 Lüneburg

Telefon 0 41 31 / 72 12 77
Telefax 0 41 31 / 72 12 78
www.brauhaus-lueneburg.de

Wer durch die Altstadt Lüneburgs schlendert, der kommt unweigerlich am „Alten Brauhaus“ vorbei. Wer hineingeht, fühlt sich ins Mittelalter versetzt. Es ist eines der ältesten Wirtshäuser der Stadt, ein Kleinod Lüneburger Gastkultur.
Auf uraltem Mobiliar, dunkel und gediegen, lässt der Gast sich nieder. Vielleicht gar auf einem der Hochzeitsstühle, die einst für Brautpaare gefertigt wurden. Die Namen sind noch heute auf den Lehnen zu lesen. Wer in Ruhe die Zweisamkeit genießen möchte, findet sie auf der Empore hinter originaler Holzbalustrade und dunkler Holzbalkendecke. Im ehrwürdigen Ambiente des geschichtsträchtigen Hauses fühlt sich der Gast in die Vergangenheit zurückversetzt. Wohl auch wegen des außergewöhnlichen Interieurs findet das Gasthaus in fast allen regionalen Reiseführern eine lobende Erwähnung.
Das Brauhaus, eröffnet 1505, wird von der Familie Korte mit großem Engagement als Familienbetrieb geführt. Bier wird heute nicht mehr gebraut, dafür wird umso besser gekocht. Der kulinarische Bogen ist weit ge-

spannt. Saisonale und regionale Gerichte, wie Elbstint mit Speckkartoffelsalat, Neetzer Spargel, Herzhaftes aus der Heidekartoffel, Bardowicker Grünkohl, knusprig gebratene Bauernente aus dem Backofen und als Hausspezialität Köstlichkeiten von der Heidschnucke, bestimmen das Speisenangebot. Bei der Auswahl der Produkte stehen Qualität und Frische an erster Stelle. Sorgfältig werden diese von den Köchen zubereitet und auf Teller oder Kupferpfanne gezaubert. Mit Charme und Freundlichkeit serviert das entspannte junge Serviceteam dem Gast das appetitlich angerichtete Mahl. Abgerundet wird das Essen durch feinwürzig herben oder vollmundig weichen Gerstensaft, gebraut in einer der ältesten Privatbrauereien der Lüneburger Heide. Auch Weinliebhabern wird gern aus dem umfangreichen Weinsortiment ein besonderer Schoppen kredenzt.

Schon als Kaufleute in längst vergangenen Zeiten mit Pferd und Wagen durch die Lande zogen, um ihre Waren anzubieten, war das „Brauhaus“ als Ausspann ein beliebter Ort, um sich von den Anstrengungen zu erholen. Da, wo früher die Pferde ausgespannt wurden, bietet sich heute den Gästen ein stimmungsvoller Biergarten mit mediterranem Flair. Dieser Ort lädt zum Innehalten und zum Genießen ein. Der Gast sollte das Haus nicht verlassen, ohne ein Stück von der hausgemachten Buchweizentorte, einer Spezialität der Lüneburger Heide, probiert zu haben.

Rosa gebratener Heidschnuckenrücken unter einer Kräuterkruste

Zutaten

4 Filets (à 200 g) vom Heidschnuckenrücken
250 g Butter
2 Eigelb
6 EL Semmelbrösel
1 TL Thymian
3 TL Petersilie
2 TL Schnittlauch
3 Wacholderbeeren
2 Rosmarinzweige
2 Knoblauchzehen
Zitronensaft
Salz
Pfeffer
Olivenöl

Zubereitung

Für die Kräuterkruste weiche Butter schaumig rühren. Das Eigelb und die Semmelbrösel langsam dazugeben. Die fein gehackten Kräuter unterheben und mit zerstoßenen Wacholderbeeren, Salz, Pfeffer und Zitronensaft abschmecken. Die Masse zu einer Rolle formen, in Frischhaltefolie wickeln und ins Gefrierfach legen.
Olivenöl in einer Pfanne erhitzen, die zerdrückten Knoblauchzehen und die Rosmarinzweige dazugeben und die Heidschnuckenrücken darin von beiden Seiten zwei bis drei Minuten scharf anbraten. Bevor der Braten mit Salz und Pfeffer aus der Mühle gewürzt wird, muss er noch zwei Minuten zugedeckt ruhen. Das Fleisch in eine feuerfeste Form geben, mit der in Scheiben geschnittenen Kräuterkruste belegen und im vorgeheizten Backofen bei 200 °C gratinieren. Auf vorgewärmten Tellern anrichten.
Dazu grüne Bohnen und Rosmarinkartoffeln servieren.

ZUM ROTEN TORE

Zum Roten Tore

Vor dem Roten Tore 3
21335 Lüneburg

Telefon 0 41 31 / 4 30 41
Telefax 0 41 31 / 4 42 24
www.zumrotentor.de

Am Rande der historischen Innenstadt von Lüneburg, in einem von Efeu umsponnenen Haus, lässt es sich noch heute tafeln wie im Mittelalter. Aber nicht nur das. Die Karte bietet darüber hinaus eine reichhaltige Auswahl an regionalen Speisen, immer der Saison entsprechend. Das Haus besitzt das Gütezeichen des „Netzwerkes für Regionale Esskultur Lüneburger Heide".
Errichtet wurde das Gebäude 1886 und ist seitdem ein Gastronomiebetrieb. Seit fast siebzig Jahren ist es im Besitz der Familie Winterberg. Traditionsbewusst berichtet Anja Winterberg, die Juniorchefin und ausgebildete Hotelmeisterin, gerne aus der Familienchronik. Sie erzählt, wie aus dem einstigen Lebensmittelgeschäft mit Schankwirtschaft ein Restaurant für den gehobenen Anspruch wurde oder wie die Mutter vor zwanzig Jahren den Efeu pflanzte, der heute die ganze Fassade und den Innenhof begrünt.
Der Vater, Hans Winterberg, ist in Lüneburg groß geworden und ist sicher, dass für ihn gar nichts anderes in Frage kommt, als mit Leib und Seele für seine Gäste da zu sein. Damit es in der Gastronomie weiter so fachkundig zugeht, wie er es sich wünscht, bildet er künftige Gastronomiefachkräfte aus.
Auf antiken Möbeln, von der Mutter liebevoll gesammelt und gepflegt, darf der Gast sich niederlassen. Die Wandmalereien nach

alten Lüneburger Motiven sind von einem Hamburger Kunstmaler geschaffen und finden immer wieder die Bewunderung der Gäste. In diesem Ambiente lässt sich jeder gerne verwöhnen. Viele Einheimische und Touristen bestellen gerne den „Lüneburger Schweinetopf“. In der Replik eines in Lüneburg gefundenen antiken Topfes, der die Form eines Schweins hat, wird leckeres Wildschweingulasch, nach einem alten Rezept zubereitet, serviert. Unsere Speisen sind „von Hand gemacht“, betont Anja Winterberg und meint damit, dass im „Roten Tor“ keine Fertigprodukte auf den Tisch kommen, sondern noch gekocht wird, „wie es sich für einen guten Familienbetrieb gehört“. Zum Schweinetopf gibt es Brot und wer mag, nimmt dazu Met, einen Honigwein wie anno dazumal.

Wer im Sommer kommt und sich nach einem Bummel durch die malerische Innenstadt eine Pause gönnt, kann sich auch im romantischen Innenhof niederlassen und dort unter Efeu einen guten Wein trinken und traditionelle Küche mit modernen Akzenten genießen. Sehr zu empfehlen ist der „Lüneburger Rotsporn“, der durch die Lagerung in Holzfässern die typische Farbe gewinnt.

Wer gerne länger in der Salzstadt Lüneburg bleiben möchte, stellt das Auto auf den hauseigenen Parkplatz und bucht eines der Wochenendarrangements. Jedes hat ein bestimmtes Thema, wie zum Beispiel das „Salzige Wochenende“. Der Name lässt es vermuten, es beinhaltet unter anderem einen Ausflug ins Salzmuseum. Gewohnt wird in einem der behaglichen und komfortablen Hotelzimmer.

„Wir sind mit Leib und Seele Gastwirte, das liegt in der Familie“, sagt der Seniorchef und begrüßt seine Gäste herzlich.

Lüneburger Schweinetopf

Wildschweingulasch, geschmort mit Gemüse der Saison, Zwiebeln und Kräutern

Zutaten

1 kg Wildschweingulasch
1 kg Zwiebeln
250 g Möhren
250 g Weißkohl
250 g Steckrüben
250 g Sellerie
(Gemüse nach Saison, sehr gut sind auch grüne Bohnen, Porree, Kohlrabi oder Pastinaken möglich)
Majoran, Thymian, Salz und Pfeffer
Fett
Mehl

Zubereitung

Wildschweingulasch auf einem gefetteten Backblech ausbreiten und mit etwas Mehl bestäuben. Im vorgeheizten Backofen bei 200 °C ca. 20 Minuten bräunen. Zwischendurch Fleischstücke wenden.

Zwiebeln grob würfeln und mit etwas Fett in einem großen Topf anbraten. Dann das gebräunte Fleisch zugeben und mit Wasser auffüllen. Mit Salz und Pfeffer würzen, ca. 30 Minuten köcheln lassen. Gemüse putzen und grob würfeln und zum Gulasch hinzufügen. Weitere 30 Minuten köcheln lassen.

Mit Thymian und Majoran würzen. Nochmals mit Salz und Pfeffer abschmecken.

HOTEL BARGENTURM

Hotel Bargenturm

Vor der Sülze 2 – 4
21335 Lüneburg

Telefon 0 41 31 / 72 90
Telefax 0 41 31 / 7 29 - 4 99
www.bargenturm.de

Das Auto lässt man am besten auf dem hauseigenen Parkplatz stehen, bevor man zum Bummel durch Lüneburg aufbricht. Vom neu erbauten „Hotel Bargenturm" in die Fußgängerzone von Lüneburg sind es nur ein paar Schritte. Ideal für einen Spaziergang frisch Verliebter während eines Wochenendurlaubs.
Aber natürlich dürfen und sollen auch alle anderen die großen komfortablen Zimmer und Suiten mit den großen Badezimmern und dem Blick über die historische Stadt genießen. Im Untergeschoss befindet sich darüber hinaus ein kleiner Wellnessbereich. Im Programm des Hotels gibt es die verschiedensten Angebote. Da ist der Wellness-Kurzurlaub „Spezial für Frauen" ebenso zu finden wie „Vier Tage für Genießer", eine Mischung aus Kultur und kulinarischen Genüssen.
Die Direktorin Kristina Dammann heißt alle gleichermaßen willkommen. Die Chefin des jungen Teams hat zwar viel Erfahrung in großen Häusern im Ausland sammeln dürfen, aber „ ... ich bin Lüneburgerin", sagt sie lachend und bekennt sich damit voller Überzeugung zu ihrer Heimatstadt. Sie arbeitet gerne in einem der Ringhotels, von denen es in Deutschland circa 150 gibt, alle mit einem sehr guten Restaurant.
Auch der junge Küchenchef dieses Hauses, Marcel Weber, ist gerne in Lüneburg und im

familiär geführten „Hotel Bargenturm“. „Hier lässt man mich kochen, wie ich es für richtig halte“, lobt er und meint damit, dass er Gerichte voller Phantasie und Kreativität auf den Tisch bringen darf. Er setzt auf feine Gewürze und Aromen. „Aber das heißt nicht, dass das Stubenkücken mit Chili erschlagen wird“, erklärt er humorvoll sein Konzept. Immer steht das Produkt im Vordergrund und natürlich muss stets alles ganz frisch sein. „Gute Dinge außergewöhnlich miteinander verbinden“, will er. Es gelingt ihm. Die als Vorspeise gereichten gebackenen Garnelen an Zitronengras auf Glasnudelsalat sprechen für sich, ebenso die süß-saure Cremesuppe von Roter Beete und Schwarzwurzeln. Immer wieder lockt es ihn, Reminiszenzen an die regionale Küche zu machen. Dazu gibt es eine große Auswahl an offenen Weinen. Der schmeckt im Sommer auch auf der besonders schönen Hofterrasse. Dort ist man mitten in der Stadt und doch atmet alles Ruhe und Entspannung. Wen wundert's, dass es damit einen Eintrag im „Schlemmeratlas“ gab? Nachdem der Gaumen derart verwöhnt ist, lockt ein umfangreiches individuell zusammengestelltes Kulturprogramm oder auch ein Verwöhnnachmittag in den nur drei Minuten entfernten Salzthermen Lüneburgs. Gerade junges Publikum mit gehobenem Anspruch weiß diese Angebote zu schätzen. Aber dennoch dürfen nicht nur frisch Vermählte das Arrangement buchen, das aus zwei Übernachtungen mit festlichem Abendessen und Champagner besteht. Das kann auch in späteren Jahren noch locken. Ebenso das Kuschelwochenende. Dann wird ein Imbiss aus Sekt, Kuchen und Käse auf dem Zimmer serviert. Und abends gibt es dann vielleicht noch einen Drink an der Bar.

Basilikummousse mit gebratenen Erdbeeren und Szechuanpfeffer

Zutaten

3 Eigelb
80 g Zucker
1/2 Bd. Basilikum, zerstoßen
2 Bl. Gelatine
3 Eiweiß
250 g Sahne

500 g Erdbeeren
20 g Butter
25 g brauner Zucker
1/2 TL Szechuanpfeffer, zerstoßen

Zubereitung

Gelatine in kaltem Wasser einweichen, Eigelb mit 60 g Zucker und Basilikum auf dem Wasserbad aufschlagen bis der Zucker aufgelöst ist. Die Gelatine auspressen und in die Eimasse einrühren.
Sahne steif schlagen, dann Eiweiß und 20 g Zucker steif schlagen. Zuerst die Sahne, dann den Eischnee unterheben und das Ganze abfüllen und kalt stellen.
Butter in einer Pfanne zerlassen und den braunen Zucker zugeben, darin die gewaschenen, geputzten Erdbeeren ca. eine halbe Minute braten, dann den Szechuanpfeffer zugeben und durchschwenken.
Die gebratenen Erdbeeren auf einen kleinen Teller geben, 2 bis 3 Nocken Basilikummousse auflegen und mit einem Blatt Basilikum dekorieren.

Leichte bunte Spiegelscherben an den orangen Wänden, darüber die schweren Deckenbalken eines alten Fachwerkhauses der Heide – das passt im Restaurant „tafel-Runde" ganz hervorragend zusammen. „Gegensätzliches vereinen, den Bedürfnissen der Gäste entgegenkommen", ist das Motto der jungen Gastronomin Marianne Fischer. „Ich mag es, wenn die Menschen sich bei mir wohlfühlen", sagt sie.

Nach dem Studium der Sozialpädagogik ist sie in Lüneburg „hängen geblieben". „Die schöne Altstadt und die netten Menschen hier hatten es mir so angetan, dass ich einfach nicht mehr weg wollte", gesteht die einstige Mecklenburgerin lachend. Schon während des Studiums hat sie auf Wochenmärkten gejobbt und ist dabei mit den vielfältigen Produkten der Region in Berührung gekommen. Zudem mag sie es, wenn sie die Dinge bis ins Detail organisieren kann. Da entstand schnell der Wunsch nach einem eigenen Restaurant, um all das, was sie auf den Märkten sah, auch selbst verarbeiten zu können.

Das alte Fachwerkhaus war wie geschaffen für ihre Vorstellungen von Gastronomie. Eine rauchfreie Begegnungsstätte, in der die Menschen auch speisen können, war ihr Ziel. Zeit für Gespräche sollte es geben und ein Ort der Ruhe und des Ausspannens in all der Hektik des Alltags sollte es werden. Es ist ihr gelungen. Im hinteren Teil ihres Restaurants gibt es eine Kinderecke und auf der Speisekarte für die Kleinen eine umfangreiche Auswahl an Menüs. Schließlich können Eltern dann am besten den Restaurantbesuch genießen, wenn auch der Nachwuchs in jeder Beziehung gut versorgt ist. Wer alleine in die „tafelRunde" kommt, nimmt sich vielleicht eines der Reisemagazine aus dem Regal und träumt bei Datteln im Speckmantel oder leckeren Dinkel-Bärlauch-Bratlingen von einer Reise in die Toskana.

Im Sommer schmeckt dazu im Innenhof des Restaurants ein Wein aus ökologischem Anbau. Wer es lieber ohne Alkohol mag, der nimmt einen der köstlichen Drinks, wie zum Beispiel den Soja-Möhren-Drink oder die Sanddorn-Buttermilch.

Doch auch wer nur die Mittagspause nutzen kann, um zu speisen, findet auf der Tageskarte ebenso preiswerte wie leckere Gerichte, obendrein auch noch gesund, denn alle Zutaten sind weitestgehend naturbelassen. Für den Abend zu Hause lassen sich an der Theke noch ein paar Leckereien mitnehmen. Fast alle Produkte kommen von den Bauern des Umlandes.

tafelRunde

Am Sande 33
21335 Lüneburg

Telefon 0 41 31 / 2 44 40 40
Telefax 0 41 31 / 2 44 40 41
www.tafelrunde-lueneburg.de

Wer mehr Zeit hat, der geht zu einer der kulturellen Veranstaltungen am Freitagabend. Liebeslieder aus fünf Jahrhunderten oder eine Ausstellungseröffnung locken die Besucher an. Unter anderem ist der niederländische Maler Jan Balyon hier mit seinen Werken vertreten. Wie all die anderen hier ausstellenden Künstler ist er mit Marianne Fischer befreundet. Sie alle erklären gerne einen Abend lang ihre Bilder. Dazu gibt es ein Candle-Light-Dinner. Schöner kann Kunst nicht präsentiert werden.

Würzige Dinkel-Bärlauch-Bratlinge auf Salatbeilage mit feinem Kräuter-Dip

Zutaten

für die Bratlinge

400 g Dinkel im ganzen Korn, entspelzt
250 g gekochte Kartoffeln
170 g Dinkel-Vollkornschrot
60 g Bärlauchpaste
2–3 TL Salz, Pfeffer (nach Belieben)
etwas Gelbwurz für eine schöne Farbe
Sonnenblumenöl zum Braten

für die Salatbeilage

1–2 Köpfe Eichblattsalat oder Bataviasalat
250 g Möhren
250 g Rote Beete
75 g Radieschensprossen
75 g Sonnenblumenkerne

für den Kräuter-Dip

500 g Quark, Vollfettstufe
300 g Naturjoghurt
150 g Schmand
2 mittelgroße Zwiebeln
1 Bund Petersilie
1 Päckchen Kresse
1 EL Honig
1–2 TL Salz, Pfeffer (nach Belieben)

Zubereitung

Für die Bratlinge Dinkel in mindestes 2 Liter Wasser ca. eineinhalb Stunden gar kochen. Kalte, gekochte Kartoffeln pellen und durch eine Presse drücken. Alles in einer Schüssel vermengen. Kleine abgerundete Bratlinge formen, etwas flach drücken. Sonnenblumenöl in der Pfanne erhitzen und auf kleiner Flamme die Bratlinge von beiden Seiten gut zehn Minuten ausbraten. Salatblätter waschen und in mundgerechte Stücke zerpflücken. Möhren und Rote Beete schälen und fein raspeln, auf dem Blattsalat anrichten. Radieschensprossen auf dem Salat verteilen. Sonnenblumenkerne ohne Öl in einer Pfanne auf mittlerer Flamme nussig anrösten und auf den Salat streuen. Für den Kräuter-Dip Quark, Joghurt und Schmand verrühren, klein gehackte Zwiebeln hinzufügen, mit Honig, Gewürzen und Kräutern abschmecken.

GRUBE'S FISCHERHÜTTE

Grube's Fischerhütte

Hoopter Elbdeich 32
21423 Winsen/Luhe

Telefon 0 41 71 / 60 18 50
Telefax 0 41 71 / 60 18 51
www.grubes-fischerhuette.de

Mitte Februar geht es los. Dann beginnt die Stintsaison. Dafür pilgern nicht nur die Hamburger an den Elbdeich in „Grube's Fischerhütte". Der Minilachs wird im großen Ofen hinter der Theke geräuchert, ganz frisch kommt er alsdann auf den Tisch. Dazu leckere Bratkartoffeln – eine Köstlichkeit! Und schon fast so etwas wie ein Muss für viele Fischliebhaber.
Wilhelm Grube, der Besitzer des populären Fischrestaurants, fährt mit seinem Bruder Werner noch selbst hinaus zum Fang, jedenfalls wenn es seine Zeit erlaubt. Der Kutter ist inzwischen denn doch mehr das Metier des Bruders. Der fährt zwischen Cuxhaven und Hamburg, um für die Gäste die Schätze aus dem Meer zu holen. Wilhelm Grube kümmert sich derweil um das Restaurant.
Neben Stinten gibt es hier auch Brataal, Karpfenfilet oder Scholle. Das alles in gemütlich rustikaler Atmosphäre: An langen Tischen aus hellem Holz sitzen die Gäste und lassen es sich schmecken. Für einen Festpreis gehen sie so oft sie mögen an das Büfett.

Winsen/Luhe

Im Jahre 2000 haben die Grubes, die eigentlich Fischer sind, das Restaurant in der heutigen Form eröffnet. Natürlich ist vorwiegend Fisch auf der Speisekarte. Angefangen hatte alles mit Wilhelm Grubes Interesse für das Naturereignis der die Elbe hochziehenden Stinte. Sie kommen zum Laichen her. Jedes Jahr wird das von den Fischern erneut mit Spannung erwartet. Ihn hat das so fasziniert, dass ihm irgendwann die Idee kam, daraus ein regelmäßiges Fischessen zu machen: Stinte satt am Elbdeich in Hoopte. Heute hat „Grube's Fischerhütte" Kultstatus erreicht.
Wer geht, nimmt oft noch eine Portion mit nach Hause, dazu frisches, selbst gebackenes Brot. Bäcker ist Wilhelm Grube nämlich auch noch.

LANDGASTHOF STÖSSEL

ALTENMEDINGEN

Landgasthof Stössel

Im Dorfe 2
29575 Altenmedingen

Telefon 0 58 07 / 2 91
Telefax 0 58 07 / 12 17
www.landgasthof-stoessel.de

Fernab jeder Hektik, in ländlicher Ruhe liegt der Landgasthof Stössel, einer der anerkannt hundert schönsten Landgasthöfe Niedersachsens. Hier erwärmt an Winterabenden noch ein echtes Kaminfeuer die gemütliche Wirtsstube.
Seit weit über hundert Jahren wird der Gasthof für den gehobenen Anspruch nunmehr in der vierten Generation von der Familie Hermann betrieben.
Die gelernte Hotelfachfrau und jetzige Inhaberin, Andrea Hermann, kocht selbst.
Es macht ihr Freude, sich um das Wohl der Gäste zu kümmern. „Jeder Gast ist mir wichtig“, sagt sie.
Nach 22-jähriger Berufserfahrung hat sie 1997 den elterlichen Betrieb gemeinsam mit ihrem Mann, Hans-Heinrich Hermann, übernommen und es bis heute nicht bereut. Sie hat Gastronomie und Service ausgebaut.
Neben einem hauseigenen Tennisplatz und einem Hallenschwimmbad, stehen den Gästen drei Pferde kostenlos zur Verfügung. Räder für einen Ausflug in die schönen Elbtalauen können natürlich auch gemietet werden. Wer den Aufenthalt mit einem Wellnessprogramm verbinden will, findet ein entsprechendes Angebot in unmittelbarer Nähe.
Danach schmeckt am Abend sicher eine der köstlichen Wildspezialitäten aus der Küche von Andrea Hermann. Für die Region Typisches wie Hirsch, Wildschwein oder auch Reh stehen auf der Speisekarte. „Alles ganz frisch zubereitet, mit sehr viel Liebe und Sorgfalt“, versichert die Köchin. Ganz besonders ist das beim Weihnachts- oder Osterbüfett zu spüren, aber auch bei den zünftigen Grünkohlessen. Ein Muss in dieser Region.
Die kleine, aber feine Weinkarte, auf der unter anderem ein trockener Burgunder aus Baden mit einem leichten Duft von Walnuss zu finden ist, rundet das Angebot ab.
Und wer zwischen all der Aktivität noch Zeit für etwas Kultur hat, der macht einen Ausflug ins nahe gelegene Lüneburg. Familie Hermann hilft gerne bei der Organisation.

HOTEL-PENSION EICHENHOF

Hotel-Pension Eichenhof

29584 Himbergen / Rohrstorf

Telefon 0 58 28 / 8 80
Telefax 0 58 28 / 8 81 35
www.hotel-pension-eichenhof.de

Ganz in ländlicher Idylle, eingebettet zwischen den Wäldern des Staatsforstes Göhrde und blühenden Wiesen, ruht der alte „Eichenhof". Über eine liebevoll dekorierte Auffahrt erreicht der Besucher das Haupthaus. Hier zieht schon der Duft frisch gebrühten Kaffees durch die Räume. Ein großer schwarzer Hund namens „Lomi" eilt freundlich mit dem Schwanz wedelnd herbei und erhofft ein Streicheln.
Antje Braesel-Behn hat Restaurant und Hotel auf dem „Eichenhof" bereits vor 17 Jahren eröffnet. Das traditionsreiche Gehöft mit der schönen Fachwerkfassade und dem großen Garten davor bot sich geradezu dazu an. Bereits Mitte des 19. Jahrhunderts wurde der Hof errichtet. Seit sieben Generationen ist er in Familienbesitz. Die Bilder der Urgroßeltern an den Wänden zeugen von der langen Geschichte.
Auch die gelernte Hauswirtschaftsleiterin Antje Braesel-Behn ist auf dem Hof groß geworden und noch heute stehen ihr die Eltern helfend zur Seite.

Blaubeerschnitte mit Sahne und Eierlikör

Zutaten

4 Eier
200 g Zucker
1 Päckchen Vanillezucker
200 ml Öl
200 ml Eierlikör
100 g Mehl
100 g Stärkemehl
1/2 Päckchen Backpulver
1,7 l Milch
2 Päckchen Vanillepudding
2 Gläser Heidelbeeren
2 Becher Schlagsahne

Zubereitung

Eier, Zucker und Vanillezucker schaumig rühren. Dann nach und nach Öl und Eierlikör dazugeben und verrühren. Mehl, Stärkemehl und Backpulver vorsichtig unter die Masse heben und alles in eine Backform füllen. Bei 175 °C auf mittlerer Schiene 20 Minuten backen.
Für den Belag aus der Milch und dem Vanillepuddingpulver einen Pudding kochen, die Heidelbeeren darunter heben und auf den abgekühlten Boden verteilen.
Die Sahne steif schlagen und auf dem Kuchen verteilen, danach mit etwas Eierlikör beträufeln.

Die Ländereien sind verpachtet und der einstige Bauernhof ist Feriendomizil für Gäste von nah und fern. Aber ein paar Wiesen gehören immer noch zum Eichenhof. „Die brauchen wir für unsere zwei Ponys", erklärt die Besitzerin. Kinder der Hotelgäste dürfen kostenlos auf ihnen reiten. Ein Angebot, das gerne genutzt wird und nicht selten sind besonders die Mädchen von den Pferden nicht mehr wegzubekommen. Es sei denn, sie machen einen kurzen Besuch bei dem Minischwein „Paula", das um seine Popularität weiß und sehr vertraut mit Stammgästen ist.
„Kochen ist meine Leidenschaft", gesteht Antje Braesel-Behn. Vor über zehn Jahren hat sie mit Freundinnen einen Gourmet-Club gegründet. Regelmäßig treffen sie sich, um sich gegenseitig zu bekochen. „Da bekomme ich sehr viele Anregungen für mein Restaurant", sagt sie. Für die Bewirtung der vielen Gäste hat sie Personal einstellen müssen.
Nicht nur in den Sommermonaten ist das Haus gut besucht, sowohl Familien mit Kindern als auch Senioren schätzen die gemütlichen und komfortablen Zimmer im neu errichteten Anbau und genießen gemeinsam mit Tagesgästen Kaffee und Kuchen unter schattigen alten Eichen.
Außerhalb der Ferienzeit und in den Wintermonaten schätzen Seminargäste, darunter viele Stammgäste, das umfangreiche Angebot des Hauses.
Fröhlich geht es zu, wenn bei schönem Wetter die riesige Pfanne in den Garten unter die Bäume getragen wird und dort Kartoffeln gebraten werden. Zwanglos sitzen dann alle zusammen und lassen es sich schmecken.
Aber nicht nur zünftige Gerichte hat Antje Braesel-Behn auf der Speisekarte. Im Ganzen gebratener Lachs mit Sauce Mousseline oder in der kälteren Jahreszeit die knusprig gebratene Entenbrust. Wer mag, kann auch ein so genanntes „Pilzwochenende" buchen und nicht nur unter Anleitung Pilze im Wald suchen, sondern diese auch lernen zuzubereiten. Aber das ist nur eines von vielen Angeboten auf dem „Eichenhof".

ZUR KNORPELKIRSCHE

Pension und Seminarhaus zur Knorpelkirsche

Havekost 8
29591 Römstedt

Telefon 0 58 28 / 96 81 45
Telefax 0 58 28 / 96 81 47
www.gaestehaus-knorpelkirsche.de

Ein schöner Resthof von 1860, fernab des lauten Verkehrs, ganz im Grünen gelegen: das ist das Gästehaus „Zur Knorpelkirsche“. Als das Paar Rita Reppel-Kalheber und Gerhard Reppel den Hof vor einigen Jahren entdeckte, war beiden sofort klar, dass sie hier ein Gästehaus errichten wollten. „Das Schicksal hat uns hierher verschlagen“, meint leise der Mann, umso lebhafter fügt sie hinzu: „Hier fühlen wir uns so wohl, das wollen wir an unsere Gäste weitergeben.“ Sie bauten die früheren Stallungen nach ökologischen Gesichtspunkten zu einem rauchfreien Gästehaus aus. Viel unbehandeltes Lärchenholz wurde dazu benutzt, das alte Gebälk aber bewahrt. Gemütliche Zimmer mit Blick ins fast unendlich scheinende Grün und geräumige Tagungs- und Gruppenräume machen den Aufenthalt hier mehr als angenehm. Im Sommer sitzt es sich dann gut gemeinsam mit den anderen Gästen im romantisch wilden Garten, zum Beispiel unter der alten Knorpelkirsche. Der gelernte Koch verwöhnt seine Gäste mit einer außergewöhnlich kreativen Küche. Hier spürt man, wie Hobby zum Beruf werden kann. Beliebt ist das Tofu-Curry-Ragout mit frischem Wurzelgemüse oder der Hokkaido-Kürbis mit einer Mandel-Orangen-Basilikumsauce – alles biologisch vollwertig und selbstverständlich von bester Qualität. Die über 25-jährige Erfahrung von Gerhard

Reppel lässt ihn immer wieder neue Rezepte kreieren, die er fantasievoll auf den Tellern anrichtet. Auch das Brot und der Kuchen am Nachmittag werden von ihm gebacken. So nimmt es nicht Wunder, dass der Betrieb Mitglied im Öko-Regio-Verband ist.
Rita Reppel-Kalheber kümmert sich um das Organisatorische. Sie bietet darüber hinaus aber auch Trommel-, Tanz- und Meditationsseminare an. So erstaunt es nicht, dass der Blick ins eigene Innere in diesem Haus einen besonderen Stellenwert einnimmt. Wer Interesse an Qi Gong, energetischem Sprachtraining, Familienaufstellungen, Geomantie und Ähnlichem mehr hat, ist in der „Knorpelkirsche" genau richtig. Wer in die strahlenden Augen der sympathischen Rita Reppel-Kalheber blickt, wird sofort von ihrer Begeisterung angesteckt und will mitmachen.
Wer wissen möchte, wie die tollen Gerichte zuzubereiten sind, der entscheidet sich für einen Koch- oder Backkurs. Und bekommt dazu noch eine umfangreiche Ernährungsberatung.
Wichtig ist beiden der achtsame Umgang mit Mensch und Natur. So finden denn auch gerade gesundheitsbewusste Menschen in das Gästehaus, sei es um an einem der angebotenen Seminare teilzunehmen oder selbst eines zu veranstalten. Aber auch Urlaubsreisende, die Ruhe und die innere Einkehr suchen, sind hier richtig. Rad- und Wanderwege durch die herrlichen Wälder rund um Bad Bevensen sorgen für die nötige Bewegung zwischen den köstlichen Mahlzeiten.
Wer Lust auf Unternehmungen verspürt: Lüneburg oder die Elbtalaue sowie das Wandergebiet der Göhrde sind schnell erreichbar. Auf Wunsch werden Kanutouren auf den Wasserwegen in der Nähe organisiert. Wer es lieber ruhiger mag, bestellt einen Masseur ins Haus und lässt sich rundum verwöhnen.

Tofu-Curry-Ragout

Zutaten
500 g Tofu
Kräutersalz (nach Geschmack)
Brühpulver (nach Geschmack)
2 EL Kokosfett
1 dicke Zwiebel
ca. 350 ml Wasser
Curry und Kurkuma
1/8 l saure Sahne oder Soja-Cuisine
je 1/4 Apfel, Banane und Mango
etwas Petersilie oder Schnittlauch
250 g Basmati-Vollreis

Zubereitung
Den Tofu würfeln, mit Kräutersalz und etwas Brühpulver bestäuben und etwa 30 Min. ziehen lassen. Anschließend etwas Kokosfett in einer Pfanne erhitzen, die Tofuwürfel darin goldgelb braten, herausnehmen und auf Küchenkrepp abtropfen. Nun die fein gewürfelte Zwiebel in der Pfanne kräftig anbraten, wenn nötig etwas Kokosfett nachgeben. Mit dem Wasser ablöschen, aufkochen lassen, die Tofuwürfel hinein geben, mit Curry und Kurkuma, Brühpulver und Kräutersalz abschmecken. Die Saure Sahne oder die Soja-Cuisine unterziehen, Apfel, Banane und Mango pürieren und hinzugeben. Mit frischer Petersilie oder Schnittlauch garnieren und mit dem Reis servieren.
Tipp: Klein geschnittenes Suppengemüse wie Karotte, Sellerie oder Porree gibt dem Ganzen einen frischen Pfiff.

JOSTHOF

Josthof
Romantikhotel Josthof

Am Lindeberg 1
21376 Salzhausen

Telefon 0 41 72 / 9 09 80
Telefax 0 41 72 / 62 25

Wer das Gehöft betritt, glaubt sich in ein Märchen aus uralten Zeiten versetzt. Wen wundert's? Die Gebäude sind an die tausend Jahre alt, mit die ersten, die im idyllischen Salzhausen errichtet wurden.
Wer den Weg durch die dunkle Diele in das Restaurant nimmt, sieht wuchtige Bauernschränke an den Wänden. Alles Originalstücke, die schon seit ihrer Entstehung hier sind. Nur wenige Antiquitäten wurden dazugekauft. Früher einmal war das die Tenne und die Tiere fanden hier Unterkunft. Aber das ist lange her.
Das liebevoll mit altem bäuerlichen Nippes dekorierte Restaurant ist ganz in Hellblau gehalten. Eine Farbe, die vom Amt für Denkmalschutz vorgegeben wurde. In allen Stuben sind immer noch original Delfter Kacheln an den Wänden, ebenso am großen Kamin in der Diele.
Aus dem einstigen Bauernhaus ist ein 32-Betten-Haus mit allem Komfort geworden. Wer ein romantisches Wochenende zu zweit verbringen will, ist hier sicher richtig aufgehoben.
Zum Hotel gehört das Restaurant mit bayrischem Biergarten. Zu Zeiten des Vaters des jetzigen Besitzers, Jörg Hansen, wurde noch gut bürgerliche „Schnitzelküche" gereicht, und „sehr erfolgreich", wie der Sohn betont. 1985 übernahm Jörg Hansen den Betrieb, nachdem sein Vater ihn fast 20 Jahre geführt hatte. Zusammen mit dem Koch Daniel Drewitz wurde auf regionale Küche des ge-

hobenen Niveaus umgestellt. Damit ist das Haus führend in der Region.
Die Karte wechselt monatlich, mittags und abends kann à la carte gegessen werden. Beliebt bei den Gästen ist immer wieder die hiesige Heidschnucke. Wer beim Essen an den edel gedeckten Tischen in den romantischen Garten schaut, bekommt Lust, die Kalorien bei einem Spaziergang wieder abzulaufen. Salzhausen lädt geradezu dazu ein. Doch zuvor schmeckt ein gutes Glas Wein. Das Restaurant ist bekannt für eine gute und umfangreiche Weinkarte. Aus über 250 Weinen darf der Gast wählen. Der Vater ist für die französischen und deutschen zuständig, der Sohn für die aus Italien, Spanien oder Übersee.
Auch das traditionell ab November stattfindende Gänseessen erfreut sich großer Beliebtheit. Dazu reisen Gäste auch aus dem weiteren Umland an. Hin und wieder ist auch schon mal Prominenz aus dem nahe gelegenen Hamburg da. Die ganzen Gänse werden am Tisch tranchiert. Selbstverständlich kommen die Tiere aus einer Freilandzucht. Jörg Hansen verrät, dass er sogar eine eigene Herde besitzt, immerhin 900 Tiere. Für Firmen oder Vereine werden von Daniel Drewitz und Jörg Hansen gerne auch Veranstaltungen organisiert. Da gibt es zum Beispiel die Feuerzangenbowle im Garten zum zünftigen Tannenbaumschlag.
„Ich will Qualität und die an den Gast weitergeben", erklärt der gelernte Betriebswirt entschlossen. Verwöhnen will er seine Gäste und betont: „Alles was irgendwie machbar ist, wird auch realisiert."

Gebratene Heide – Entenbrust mit Selleriepüree, jungem Lauch, Ananas-Mango-Chutney und Kirsch-Balsamico-Essenz

Zutaten

für die Entenbrüste
4 Entenbrüste (à 180 g)
1 Bund Rosmarin
20 ml Olivenöl
Salz, Pfeffer, Zucker

für das Selleriepüree
500 g Sellerie
100 g Kartoffeln, geschält
150 g Zwiebeln
50 g Butter
100 ml Sahne
200 ml Wasser

für den jungen Lauch
2 Bund Frühlingszwiebeln
50 g Butter

für das Ananas-Mango-Chutney
je 100 g Ananas und Mango
50 g Zwiebeln
80 g Zucker
100 ml Weißwein
20 ml Olivenöl
Tabasco

für die Kirsch-Balsamico-Essenz
200 g Zucker
1 l Kirschsaft
1 l Balsamicoessig (dunkel)
je 1 Bund Rosmarin und Thymian
5 Lorbeerblätter
10 Pimentkörner
Salz, Pfeffer

Zubereitung
Die Haut der Entenbrüste mit etwas Zucker bestreuen und diese Seite kurz und scharf in Olivenöl anbraten, wenden, um die Fleischseite anzubraten. Rosmarin in eine feuerfeste Form geben und die Enten mit der Hautseite auf die Rosmarinzweige legen. Die Entenbrüste bei 150 °C im Umluftofen für ca. 10 Min. garen, aus dem Ofen nehmen, mit Alufolie bedecken und weitere 10 Min. ruhen lassen. Anschließend salzen und pfeffern.
Sellerie, Kartoffeln und Zwiebeln in grobe Würfel schneiden. Die Zwiebeln in Butter farblos anschwitzen, Sellerie und Kartoffeln zugeben, Wasser zugießen und mit Salz und Pfeffer würzen. Köcheln lassen, bis das Wasser verdampft ist. Sahne zugeben, bis auf die Hälfte reduzieren lassen, pürieren und abschmecken.
Die Frühlingszwiebeln von der Wurzel an in ca. 10 cm lange Stifte schneiden. Butter mit etwas Wasser, Salz und Pfeffer zerlassen, die Zwiebeln darin ca. 4–5 Min. kurz garen bis das Wasser verdampft ist.
Für das Chutney Ananas, Mango und Zwiebeln in Würfel schneiden, Zucker karamellisieren lassen, mir Weißwein ablöschen und auf ein Drittel einreduzieren. Die Zwiebeln in Olivenöl farblos anschwitzen, zusammen mit Ananas und Mango zur Reduktion geben, mit Salz und Tabasco würzen und ca. 10 Min. langsam kochen und einreduzieren lassen. Schließlich abschmecken und mit Butter vollenden.
Für die Essenz Zucker karamellisieren und mit Kirschsaft ablöschen. Balsamicoessig, Rosmarin, Thymian, Lorbeerblätter und Pimentkörner und etwas Salz zugeben und bis auf etwa 200 ml einreduzieren lassen, passieren und mit kalter Butter montieren.

RÜTER'S GASTHAUS

Bereits in der fünften Generation wird das Gasthaus mitten im Herzen von Salzhausen von der Familie Rüter geführt. Die einhundertfünfzigjährige Tradition des Hauses verpflichtet. Darin sind sich Uwe Rüter und seine Schwester, die heutige Besitzerin, Anke Meyer-Rüter, einig. Auch Küchenchef Christoph Hansen ist immer bestrebt, dem gerecht zu werden. Mit seiner soliden Ausbildung fällt das nicht schwer. „Wir betreiben den Betrieb mit aller Leidenschaft. Es ist ein Familienbetrieb und dann wird man da so reingeboren", erklärt der studierte Betriebswirt Uwe Rüter sein Engagement. „Früher war das hier mal ein landwirtschaftlicher Betrieb mit angeschlossenem Ausspann, wo die Pferde gewechselt werden konnten", weiß Uwe Rüter weiter zu berichten. Zum bäuerlichen Anwesen wurden 1820 Schenke und Ausspann gebaut. Aus der „Krugwirtschaft und Ausspann", wie es in der „Krugnahrungs-Concession des königlichen Amtes Winsen" vom 01. Juli 1856 heißt, wurde im Laufe der Jahre ein Landhotel mit moderner Gastlichkeit.
Heute gibt es hier ein Hotel mit sehr gutem Restaurant und Biergarten für den Sommer. Wer es lieber sportlich mag, geht in das hauseigene Hallenbad, übt sich mit Freunden im Kegeln oder wandert durch den „Naturpark Lüneburger Heide". Das Haus bietet diverse Arrangements auch für einen Kurzurlaub.
Auch wenn die Landwirtschaft längst der

Rüter's Gasthaus

Hauptstraße 1
21376 Salzhausen

Telefon 0 41 72 / 96 92 80
Telefax 0 41 72 / 66 10
www.rueters-gasthaus.de

Vergangenheit angehört, so kommt ein Teil der Wildspezialitäten immer noch aus der eigenen Jagd. Überhaupt wird in „Rüter's Gasthaus“ gerne Gutes aus der Region auf den Tisch gebracht. Heidschnuckengulasch und Heidschnuckenkeule in Wacholderrahmsoße mit Champignons haben längst ihre Liebhaber gefunden. Rotkohl, grüne Bohnen und hausgemachte Kroketten runden das Menü ab. Dazu schmeckt ein Landwein, aber auch ein französischer Rotwein. „Dem suchenden Fremden viel Gutes aus Keller und Küche zu bieten“, ist das Motto der Rüters. Neben einer erlesenen Abendkarte ist auch eine gute Mittagskarte erhältlich. „Hier sind alle willkommen, die gut essen wollen“, sagt Uwe Rüter.
Woanders zu leben können sie sich nicht vorstellen. Die Familie Rüter ist mit Salzhausen verwachsen. Immerhin war der Großvater, Hermann Georg Wilhelm Rüter, über 30 Jahre lang Bürgermeister des Ortes. Bis heute feiern die örtlichen Vereine ihre Feste gerne im Gasthaus. Das verbindet. Aber auch von weiter her finden die Gäste in „Rüter's Gasthof“. Das große Brunchbüfett jeden ersten Sonntag im Monat lockt ebenso wie die Spargelessen im Frühsommer. Ganz lecker sind auch die am Tisch tranchierten Gänse im November. Überhaupt wird in „Rüter's Gasthaus“ noch viel Wert auf den Service am Tisch gelegt. So werden viele Beilagen in extra dafür bestimmten Schüsseln serviert, aus denen der Gast sich dann selbst bedienen kann. Das passt gut in das gepflegte Ambiente.

Hirschrückenfilet im Strudelteig

Zutaten
1 kg Hirschrückenfilet (mit Knochen)
200 g Kalbfleisch
150 g gesiebtes Mehl
ca. 70 ml lauwarmes Wasser
20 ml Öl
Salz
etwas Butter zum Einstreichen
Semmelmehl
150 ml Sahne
50 g fetten Speck
100 g angeschwitzte und klein geschnittene Champignons
1 Eiklar
4 große, blanchierte und entstrunkte Wirsingblätter zum Einrollen
Salz, Pfeffer, Muskatnuss
etwas Öl zum Anbraten

Zubereitung
Mehl, Wasser, Öl, Salz und Semmelmehl zu einem elastischen und zähen Teig kneten und ruhen lassen. Den Teig auf einem Tuch dünn ausziehen.
Aus Hirschrückenabschnitten, Kalbfleisch, Sahne, Speck, Champignons und Eiklar mit Hilfe eines Tischkutters eine Farce herstellen. Diese eventuell passieren, glatt rühren und nochmals abschmecken. Das ausgelöste Hirschrückenfilet in 4 gleichgroße Stücke teilen, würzen, salzen, pfeffern, etwas Muskatnuss hinzugeben und mit etwas Öl kurz und gleichmäßig anbraten. Das angebratene Fleisch nun auf einem Gitter auskühlen lassen.
Die Wirsingblätter auf ein Tuch legen. Auf der Blattrückenseite die Farce gleichmäßig auftragen. Die Hirschrückenfilets auflegen und vorsichtig einrollen. Das Hirschfleisch muss vollständig umhüllt sein. Den dünnen Strudelteig einbuttern und Semmelmehl darauf streuen.
Das Fleisch auflegen und es mehrmals einrollen. Im vorgeheizten Ofen bei ca. 180 °C ca. 15–20 Minuten garen. Die Kerntemperatur beträgt ca. 55 °C.

UELZEN – ABER NICHT OHNE HUNDERTWASSER

Fast wie ein Märchen aus dem Orient mutet der Bahnhof in Uelzen an. Bunte Säulen aus Keramik scheinen den Eingang zu tragen. Nichts an ihnen ist eckig, umso mehr Rundungen schwingen in die Höhe. Die Sonne spiegelt sich in den goldenen Kuppeln. Friedensreich Hundertwasser glaubte, Türme seien früher eine Sache der „Reichen und Mächtigen“ gewesen. Er meinte: „ ... dass der moderne Durchschnittsmensch auch Türme, sogar vergoldet, haben kann, ist neu. Architektur soll den Mensch erhöhen, nicht erniedrigen, unterdrücken und versklaven.“ An diese Maxime hat er sich immer gehalten. Wer eintritt, glaubt sich in eine Wunderhöhle versetzt, überall gibt es Neues zu entdecken, kein Eckchen gleicht dem anderen. Runde Sitzbänke laden den Wartenden ein zu verweilen oder sich von der Reise auszuruhen, in kleinen Läden hinter geschwungenen Ladenfenstern werden Waren aller Art feilgeboten. Den Fußboden zieren Fliesen, die aus zerbrochenen bunten Tonscherben zusammengesetzt scheinen. Selbst das Mobiliar im Bahnhofsrestaurant mutet organisch gewachsen an. An geschwungenen Holztischen sitzt der Reisende und erfrischt sich mit einem Getränk, bevor es weitergeht. Bunt, manchmal gar grell geht es zu im berühmten Bahnhof von Uelzen. Aber niemals wird es kitschig.

Hundertwasser hat den ursprünglich wilhelminischen Bahnhof im Rahmen der Expo 2000 neu geschaffen, ganz nach der ihm eigenen Weise. Heute wird nur noch vom „Hundertwasser-Bahnhof“ gesprochen. Der Bau gehört zu seinen späten Werken. Nichts ist wie in anderen Bahnhöfen und doch geht es auch hier zu wie auf allen Bahnsteigen der Welt: Ein Liebespaar nimmt sich ein letztes Mal in den Arm, bevor es heißt sich zu trennen, eine Schulklasse wird von einer nicht allzu strengen Lehrerin zur Ruhe gerufen und eine alte Dame ersteht noch schnell einen Kuchen, bevor sie in den Zug steigt. Aber niemandem würde bei all dieser Geschäftigkeit das Wort Hektik einfallen. Hier herrschen die organischen Formen Hundertwassers und die lassen alles auf ein dem Menschen erträgliches Maß schrumpfen, auch das Geschehen auf einem Bahnhof.

Der große österreichische Künstler und Professor an der Akademie der bildenden Künste in Wien, der sich selbst den Namen Friedensreich Hundertwasser gab, eigentlich hieß er Friedrich Stowasser, wurde 1928 in Wien

geboren. Bilder, Bauten und Skulpturen des Meisters zeichnen sich stets durch weiche Naturformen und Spiralen aus. Gerade Linien waren für ihn gottlos, da sie in der Natur, seiner Ansicht nach, nicht vorkommen. Er war so eingenommen von seiner Idee, dass er ein so genanntes „Verschimmelungsmanifest“ schrieb, in dem er forderte, dass gerade Linien verboten werden sollten. Wörtlich schrieb er: „Schon das Bei-sich-Tragen einer geraden Linie müsste, zumindest moralisch, verboten werden.“

Sein Werk umfasst insgesamt 35 Bauwerke in Deutschland, Österreich, den USA, Israel, der Schweiz, Neuseeland und Japan. Er schuf

unzählige Bilder und gestaltete Briefmarken für die Kapverdischen Inseln, Liechtenstein, Luxemburg, Frankreich, Österreich und die UNO.
Auch Uelzen ehrt den Künstler immer wieder. So wurde das Hundertwasser-Musical von Rolf Rettberg mit der Musik von Konstantin Wecker im Theater an der Ilmenau aufgeführt. Es gab insgesamt 71 Aufführungen vor 32 500 Zuschauern. Eine stattliche Zahl für eine doch recht kleine Stadt.
Der Kosmopolit Hundertwasser wurde im Laufe der Zeit zu einem radikalen Verfechter des Umwelt- und Naturschutzes. Auch dem wird im Uelzener Bahnhof Rechnung getragen. Eine Fotovoltaikanlage wandelt das Sonnenlicht in nutzbare Energie um. In der Bahnhofshalle wird angezeigt, wie viel Strom auf umweltschonende Weise in das Netz fließt.
Als Sohn einer in der NS-Zeit verfolgten Jüdin war Hundertwasser alles Totalitäre zuwider. In späteren Jahren bekannte er sich zur Monarchie, was nicht wenige seiner Anhänger in Irritationen stürzte. Auf sehr unkonventionelle Weise lebte er in seiner Wahlheimat Neuseeland auf einem umgebauten Frachter namens „Regentag“. Er starb auf der „Queen Elisabeth 2“ auf einer Reise in seine Heimat am 19. Februar 2000.

RATSWEINHANDLUNG

Ratsweinhandlung

Bahnhofstraße 2
29525 Uelzen

Telefon 05 81 / 24 83
Telefax 05 81 / 29 52 5
www.ratsweinhandlung.de

Mitten in der malerischen Fußgängerzone von Uelzen liegt eine der ältesten Weinhandlungen Deutschlands. Der Keller fand bereits Mitte des 14. Jahrhunderts als solcher Erwähnung. Immerhin wurde bis in das Jahr 1870 auch im nordischen Uelzen Wein angebaut. Damals wurde Wein noch geharzt und deswegen spielte der Reifegrad keine so große Rolle. Zudem war Uelzen eine nicht unbedeutende Hansestadt. Schiffe brachten Wein aus Frankreich in großen Holzfässern in den Hafen. Heute ist alles anders und die Illmenau nicht mehr schiffbar, sondern lediglich der Elbe-Seitenkanal. Der Tradition des Weinhandels ist jedoch immer die Treue gehalten worden, wenn auch der jetzige Besitzer Gerd Ingo Schulte das Warensortiment um noch andere Köstlichkeiten erweitert hat. Edle Brände in hohen eleganten Flaschen, Sherry und 40 verschiedene Whiskys, aber auch besondere Öle wie zum Beispiel Traubenöl gehören dazu. Spezialität sind Liköre aus eigener Herstellung. „Qualität ist unsere Philosophie", sagt der mit Recht stolze Inhaber der Weinhandlung und kann auf eine große Zahl von Stammkunden verweisen. Immer wieder muss er seine Spitzenprodukte auch nach Hamburg oder Lüneburg versenden.
Wer die Räume betritt, staunt zunächst einmal über die immer der Jahreszeit entsprechende liebevolle Dekorierung. In jeder Ecke gibt es etwas zu bewundern. Eine Kette aus Quarzen, verbunden mit vergoldeten

Ringen aus Sterlingsilber liegt glänzend in einem Regal, daneben edler Wein aus Italien oder Deutschland. Die Dekoration ist Sibylle Kollmeier, der Inhaberin, zu verdanken. Eigens dafür hält sie engen Kontakt zu einer Innenausstatterin. Sie möchte einen Laden „ ... in dem Kunden auch mal die Seele baumeln lassen können". Dazu gehört unter anderem der große Tisch mitten im Verkaufsraum, auf dem sich köstliche Dinge zur Probe für den Gast finden. In einer anderen Nische stehen Korbstühle um einen Tisch. Wer mag, darf sich setzen und erst mal den ausgewählten Wein in aller Ruhe probieren und dabei vielleicht ein wenig fachsimpeln über die besten Anbaugebiete für trockene Weißweine. Die Inhaber haben hier noch Zeit für ihre Kunden.

Sie haben die traditionsreiche Weinhandlung im Jahre 2000 übernommen. Beide verliebten sich in das schöne alte Haus. Der studierte Betriebswirt Gerd Ingo Schulte hat sich schon während des Studiums mit dem Weinhandel und dem Weinanbau beschäftigt. „Ich wollte immer etwas mit Wein machen", sagt er und gesteht, dass ihm der Rebensaft in Maßen auch selbst mundet. Gerne gönnt er sich nach Feierabend einen edlen Tropfen.

Unter den Verkaufsräumen befindet sich der Keller mit dem historischen Tonnengewölbe. In diesem ganz besonderen Ambiente finden die Weinverkostungen statt, aber auch, in Zusammenarbeit mit dem Kulturmanagement der Stadt, Veranstaltungen wie Lesungen und Konzerte. Auch dazu gehört natürlich immer ein gutes Glas Wein.

Kürbissuppe mit Pfiff

Zutaten

800 g Kürbisfleisch
1 Stange Lauch
2 Chilischoten ohne Kerne
1 Knoblauchzehe
1 Stück Ingwer, ca. 3 cm
3 EL Olivenöl
800 ml Gemüsebrühe
Cayennepfeffer
Kürbiskernöl

Zubereitung

Das Kürbisfleisch würfeln und den Lauch in Ringe schneiden, dann die Chilischoten in kleine Stücke schneiden.
Knoblauch, Lauch, Chilistückchen und Ingwer in 2 EL Olivenöl anbraten, das Kürbisfleisch dazugeben und mit etwas Brühe ablöschen. Unter Zugabe der restlichen Brühe köcheln lassen.
Dann die Suppe pürieren. Mit einem Esslöffel Olivenöl und Cayennepfeffer abschmecken.
In Tassen füllen und zum Servieren mit Kürbiskernöl beträufeln.
Dazu schmeckt ein Gewürztraminer.

Mittags um 12 Uhr wird am großen Holztisch im Gemeinschaftsraum gegessen. Dann sitzen sie alle zusammen, die Familie Bauck, der Praktikant, die Mitarbeiter des Biohofs Bauck. Das ist gelebte Hofgemeinschaft, noch ganz so wie früher, auch wenn der Hof ansonsten hochmodern ist.
Insgesamt drei Höfe gehören zum Bauckhof. Einer davon wird von Menschen bewirtschaftet, die des Schutzes bedürfen und in der freien Wirtschaft keine Stelle finden würden. „Man muss auch mal geben und nicht immer nur nehmen“, ist nicht nur der gemütliche Senior der Bauck-Familie überzeugt. Schon seit 1550 ist der Hof in Familienbesitz und seit 1932 wird hier nach den anthroposophischen Grundsätzen Rudolf Steiners gewirtschaftet. Die biologisch einwandfreien Produkte können im Hofladen erworben werden. Das Angebot kann mit dem eines Supermarktes mithalten. Fleisch, Wurst, Brot, Gemüse und allerlei Leckereien stehen in den Holzregalen. Eine Kundin aus dem Dorf packt die frischen Lebensmittel in den Korb und geht zur Kasse, wo noch Zeit ist für ein Schwätzchen mit der Kassiererin.
In einem anderen Gebäude des großen Anwesens werden gerade die Eier des Tages sortiert und geprüft. Viertausend Hennen und siebzig Bullen gibt es auf dem Hof.
So viel, wie die Tiere produzieren, kann in einem Hofladen gar nicht umgesetzt werden. So wird denn auch das meiste über einen eigenen Versandhandel auf den Markt gebracht.
Die Hennen haben hier genügend Platz und selbst wenn sie mal nicht im Freien sind, wird mit transportablen Hühnerställen dafür gesorgt, dass das Grün unter ihren Füßen immer frisch ist. Das schützt vor Keimen und Infektionen. Die Bullen sind abgehärtet genug, sommers wie winters im Freien zu leben. Sollte es doch mal zu kalt sein, gehen sie in den beheizten Unterstand. Solch eine Tierhaltung mag teuer sein, aber wer einmal den kräftigen Geschmack des dunklen Rinderschinkens auf der Zunge gespürt hat, weiß, dass es sich lohnt.

Bauckhof

Eichenring 18
29525 Uelzen

Telefon 05 81 / 9 01 60
Telefax 05 81 / 90 16 16
www.bauckhof.de

LÖWE NATURMÖBEL

Löwe Naturmöbel

Forstweg 1
29568 Wieren/Bollensen

Telefon 0 58 25 / 80 26
Telefax 0 58 25 / 80 36
www.Loewenatur.de

Wer während seines Urlaubs in der Heide eine Radtour entlang des Elbe-Seitenkanals macht und bei der Besichtigung der größten Schleuse Europas mit Schrecken feststellt, noch immer kein Mitbringsel für die Lieben daheim zu haben, der sollte unbedingt bei „Löwe Naturmöbel" reinschauen. Außer Möbeln wird er dort auch so manches Kleinod für daheim finden: Windlichter mit schönem Holzsockel oder Obstschalen aus Kirschbaumholz, alles aus natürlichem Material und ohne künstliche Lackierungen. Als Martina und Steffen Löwe nach einer neuen Geschäftsidee suchten, war klar, dass es eine ökologisch sinnvolle sein musste. Das Leben mit ihren drei Kindern hatte sie gelehrt, dass es unser aller Pflicht ist, mit den Ressourcen unserer Erde sorgsam umzugehen, um unseren Nachkommen eine lebenswerte Umwelt zu hinterlassen.
Steffen Löwe leitete einen Baumarkt, Martina Löwe betrieb ein Haushaltswarengeschäft. Zudem haben die zwei schon immer viel Wert auf ein gemütliches Zuhause gelegt, konnten aber in den konventionellen Geschäften nie die richtigen Möbel finden. Da lag es nahe, ein Geschäft für Naturwaren zu eröffnen.

Mitte der 1990er Jahre fanden sie in der Heide das passende Objekt. Das 140 Jahre alte Fachwerkhaus in Wieren war wie geschaffen für die Bedürfnisse der Löwes. „Löwe Naturmöbel" wurde gegründet.
So zogen sie mit ihren drei Kindern vom Süden Deutschlands in die Heide. Hinzu kam Leonie als neue Hausgenossin. Die riesige Hündin leonbergischer Rasse liegt – ganz liebende Fürsorge ausstrahlend – zu Füßen von Steffen Löwe. Sie ist fest entschlossen, ihn nicht aus den Augen zu lassen und ihn auf Schritt und Tritt zu begleiten. Kommt ein Nichtfamilienmitglied in ihre Reichweite, so legt sie ihren großen Kopf auf dessen Schoß und besteht darauf gestreichelt zu werden. Sie freut sich über jeden Besuch, wenn sie nicht gerade in der Weite der Heide mit Steffen Löwe einen ihrer ausgedehnten Spaziergänge macht.
Im Dorf fanden die Löwes Raum für Werkstätten. Heute beschäftigt „Löwe Naturmöbel" bereits 19 Mitarbeiter aus der Region. Überhaupt macht der engagierte Inhaber sich stark für die Region. Er gehört zu den Vorreitern des Zusammenschlusses ökologisch arbeitender Betriebe im Verbund ÖKO-Regio e.V. Auch in Behindertenwerkstätten lässt er arbeiten und schafft so Arbeitsplätze an sonst als schwierig geltenden Stellen. Soziales Engagement ist für die Löwes eine Selbstverständlichkeit. „Uns allen gehört diese Welt und wir müssen sorgsam mit ihr umgehen", ist der sympathische Mann in Jeans und Biolatschen überzeugt.
Die Löwes setzten von Anfang an ganz auf natürliche Produkte. Nachfrage und Kundenkreis wuchsen ständig. Heute kommen Bestellungen aus ganz Europa. Wer einmal mit der Hand über das warme geölte Holz gefahren ist und spüren durfte, wie dieses Geschenk der Natur sich anfühlen kann, der wird wohl nie mehr an einem anderen Tisch sitzen wollen.
„Früher wurden Möbel nur geölt", weiß Steffen Löwe zu berichten und meint weiter: „Lack kam doch erst mit dem Industriezeitalter auf, weil dann alles schnell gehen musste und keiner sich mehr die Zeit nahm, das lebende Material Holz verantwortungsvoll und schonend zu behandeln."
Zur Produktpalette gehören neben klassischen Schrankwänden und individuell gestaltbaren Regalsystemen auch Sofas in zeitlosem Design oder modern gestaltet, aber auch pflanzengefärbte Teppiche aus reiner Schurwolle. Nicht zu vergessen die tolle Auswahl an Wolle aus Naturfasern. Da

macht Stricken an langen Winterabenden wieder Spaß. Das weiß auch Martina Löwe, die damit ihr Hobby zum Beruf machte.
Wer den Weg zu den Löwes nicht findet, der kann all das auch im Katalog bewundern und in Ruhe zu Hause aussuchen oder zu einer der über zehn Messen gehen, auf denen die Löwes jährlich im ganzen Bundesgebiet ausstellen. Manch einer fährt aber auch mit dem Zug nach Bollensen und macht einen Spaziergang zur Ausstellungshalle in Wieren oder lässt sich von Löwe-Mitarbeitern vom Bahnhof abholen. Leonie ist dann manchmal auch dabei und begrüßt schwanzwedelnd und ein Streicheln fordernd den Gast. Die liebe Riesin wird schon dafür sorgen, dass alle heil daheim ankommen.

Imkerei Ahrens

Golden schimmert der Honig auf dem Brötchen. Heidehonig ist einer der besten seiner Art, dieser ist produziert in der traditionsreichen „Imkerei Ahrens" in Müden an der Örtze. Schon zu Beginn des letzten Jahrhunderts ließ der Großvater des jetzigen Imkermeisters, Klaus Ahrens, die Bienen ausfliegen, um für ihn das flüssige Gold zu sammeln. Der Betrieb ist heute ein vom Berufsimkerverband anerkannter Fachbetrieb, aber auch ein Familienbetrieb, in dem alle mitarbeiten. Zwar leben die Bienen heute nicht mehr in Körben, sondern in praktischen Magazinen. Diese aber stehen immer noch bis zu einem halben Jahr auf ausgesuchten Wiesen im gesamten norddeutschen Raum. Bis zu 14 verschiedene Sorten Honig bringen die 150 Bienenvölker des Imkermeisters heim. Sehr beliebt ist der kräftig aromatische Heidehonig, aber auch der Akazien-, Tannen oder Edelkastanienhonig. Vor allem bei Kindern heiß begehrt ist der Rapshonig. Immer wieder für Erstaunen sorgt der bei der Schleuderung neongrüne Kornblumenhonig. Erst später, nach der Kandierung bekommt er seine typische dunkelbraune Farbe.
Auch wenn die Imkerei recht arbeitsintensiv ist, kann der in der Region nur als „der Imker" bekannte Klaus Ahrens sich nicht vorstellen, etwas anderes zu machen. Im Frühjahr bringt er die Bienenvölker auf die Wiesen, muss dann bis zum Herbst immer wieder nach dem Rechten schauen, denn die Völker vermehren sich im Sommer und halten es im Winter dann eher mit der Ruhe.
Zwischendurch steht er in der „Honigküche", schleudert die Waben, füllt die Gläser ab und kümmert sich um den immer mehr zunehmenden Versandhandel. Von Anfang bis Ende wird hier noch alles selber gemacht. Wenn das keine Bürgschaft für hervorragende Qualität ist? Ohne die Mithilfe der Eltern und seiner Frau wäre das alles sicher nicht zu schaffen.
In der etwas ruhigeren kalten Jahreszeit bietet Klaus Ahrens Führungen an. Da kann dann jeder mal selber schauen, wie das mit den Bienen ist und sicher auch mal einen Löffel voll vom köstlichen Gold probieren.

Imkerei Ahrens

Haußelbergweg 54
29328 Müden/Örtze

Telefon 0 50 53 / 7 04
Telefax 0 50 53 / 98 71 35

OBSTSCHEUNE

ObstScheune

Uelzener Chaussee/B4
29576 Barum/Tätendorf

Telefon 0 58 06 / 12 47
www.obstscheune-an-der-b4.de

Äpfel zählen seit ewigen Zeiten zu den beliebtesten Obstsorten in Deutschland. Pro Jahr werden hierzulande durchschnittlich mehr als 30 Kilogramm pro Person verzehrt. Und das aus gutem Grund, denn was ist wirklich erfrischender, schmackhafter und gesünder als ein kräftiger Biss in einen reifen, knackigen Apfel? Einfach lecker, dieser rotbackige kleine Geselle aus dem Garten! Noch dazu diese Sortenvielfalt: Cox Orange und Elstar, Alkmene und Janagold, Rubinette und Golden Delicious, Boskop und Melrose. Beeindruckend! Da ist für jeden Geschmack etwas Passendes dabei. Auf etwas mehr als einem Drittel des 20 Hektar großen Obsthofs Barum stehen Apfelbäume. Claudia und Helmut Reinhart haben das Anwesen 1980 von ihren Großeltern übernommen und von Anfang an konsequent auf die Produktion von frischen Früchten gesetzt. „Die Äpfel nahmen dabei schon immer den Löwenanteil ein", verrät Claudia Reinhart. Daran hat sich bis heute nichts geändert. Im Gegenteil. Seit 2002 gibt es den Barumer Apfel auch in flüssiger Form. Die selbst gepressten Säfte haben sich zu einem echten Verkaufsschlager entwickelt. In einer Woche werden rund 4 000 Liter in praktische Fünf- und Zehnliterschläuche abgefüllt, die meisten davon sortenrein. Aber

auch die Mischungen mit Kirsch-, Birnen- oder Johannisbeersaft finden regen Anklang. Claudia Reinharts persönlicher Favorit ist der Saft der Rubinette. „Sehr aromatisch", lobt sie.
Die absolute Frische ist das große Plus des gut organisierten Familienbetriebs. Während andernorts die Ernte erst über Kilometer zum Laden transportiert werden muss, liegen in Barum zwischen der Plantage und der „ObstScheune" schlappe 500 Meter. 1995 hatte das Paar die an der Bundesstraße gelegene Bruchbude gekauft. Viel Mühe und Zeit wurde darauf verwendet, sie wieder in Schuss zu bringen. Entstanden ist ein echter Prachtbau. Hier gelangen die pflückfrischen Äpfel direkt in den Verkauf. Und nicht nur

die: Reinharts haben von Beginn an auf mehrere Standbeine gesetzt. „Heute können wir das ganze Jahr über Obst aus eigener Produktion anbieten", betont Claudia Reinhart und zählt auf: „Wir haben drei Hektar Erdbeeren und Himbeeren, je einen Hektar Zwetschgen, Schattenmorellen und Süßkirschen sowie einen halben Hektar Birnen." Auch wenn die Bezeichnung „ObstScheune" anderes vermuten lässt: Wer sich hier richtig eindeckt, kann sich den Besuch des Supermarktes schenken. Offensichtlich wird die

Unsinnigkeit der Behauptung, Feinkostläden hätten nur in den großen Städten eine Chance zum Überleben. Auch in Barum sind die Regale prall gefüllt. Neben der bunten Obstauswahl und dem Gemüse von befreundeten Landwirten umfasst das Angebot Wurst-, Schinken- und Käse-Spezialitäten, Backwaren von Bäckern aus der Region, edle Weine verschiedener Anbaugebiete und natürlich eine breite Palette an Marmeladen und Gelees. „Selbstverständlich hergestellt aus eigenen Früchten", weiß die Chefin zu berichten.
Selbermachen ist ihr oberstes Geschäftsprinzip. Das gilt auch für Frühstück und Mittagstisch. „Angefangen hat alles mit einer gut gewürzten Kartoffelsuppe", erinnert sich Claudia Reinhart. Heute stehen auch Bratkartoffeln mit Spiegelei und Pellkartoffeln mit Gemüsekräutercreme auf der Speisekarte, dazu Kartoffelpuffer und – natürlich – deftige Eintöpfe. Sie sind genau die richtige Stärkung für die kleine Einkaufspause. Oder für diejenigen, die auf der nahen Obstplantage die zahlreichen Termine zum Selbstpflücken nutzen. Auf der Sommerterrasse dürfen sie sich darüber hinaus eine ordentliche Prise Landluft genehmigen. Die gibt es gratis zu Kaffee und Kuchen aus der eigenen Backstube dazu. „Nach Hausfrauenart" lautet auch hier das Zauberwort.

RIGGERTS HOFLADEN

Riggerts Hofladen

Salzwedeler Straße 14
29578 Eimke

Telefon 0 58 73 / 3 44
Telefax 0 58 73 / 3 44

Nicht einmal mehr ein Prozent der deutschen Bevölkerung arbeitet in der Landwirtschaft. Dabei besteht noch immer mehr als die Hälfte der Fläche des Landes aus Weiden, Wiesen und Äckern. Klar, dass jene Menschen, die auf den Höfen die Stellung halten, sich ständig etwas Neues einfallen lassen müssen um zu überleben. Wie Heike und Hans-Herrmann Riggert in Eimke.
1909 hatte Opa Riggert sich hier angesiedelt, seit 1994 führt das Paar den Betrieb in Eigenregie. „Schnell wurde deutlich, dass wir einige Dinge grundlegend ändern mussten, wenn wir eine Chance haben wollten", erinnert sich der heutige Hofherr. Die gute alte Landwirtschaft war tot. Was tun? Riggerts entschieden sich für das Prinzip Direktvermarktung. Unter Umgehung des Zwischenhandels sollten die Kunden angesprochen werden. Los ging es mit Kartoffeln vom eigenen Feld. Aufgrund des leichten Sandbodens ist der Landkreis Uelzen eine Hochburg des Kartoffelanbaus. Etwa ein Zehntel aller deutschen Erdäpfel wird in dieser Region geerntet. Erste Verkaufserfolge stellten sich rasch ein, so dass Riggerts sich 1998 für den großen Wurf entschieden: Die einstige Treckerwerkstatt wurde zum „Hofladen" umgebaut. Heute bieten sie fünf beliebte Sorten Heidekartoffeln direkt am Hof an: Leyla, Cilena, Linda, Laura und Solora. Da sollte für jeden Geschmack etwas dabei sein.
Mutter Riggert war von Anfang an in alle

Fächerkartoffeln

Zutaten
12 große Kartoffeln
50 g Butter
Käse und Kräuterbutter nach Geschmack

Zubereitung
Zwölf Kartoffeln schälen und fächerförmig einschneiden. Nicht durchschneiden! Butter schmelzen und sechs Kartoffeln damit einpinseln. Diese Kartoffeln auffächern und in den Zwischenräume mit Käse auffüllen. Bei den restlichen Kartoffeln die gleiche Prozedur mit Kräuterbutter durchführen. Anschließend alle Kartoffeln auf ein ausgelegtes Backblech geben und bei 200 °C rund eine Stunde backen lassen. Dazu passen frische Salate und Kurzgebratenes.

Planungen eingeweiht und freute sich über den Mut, Veränderungen herbeizuführen. „Wir haben ihr die Lage genau erläutert und sind sehr behutsam vorgegangen", betont ihr Sohn. Noch heute kümmert sich die Seniorchefin vor allem um den „Hofladen". Dort wartet ein breit gefächertes Sortiment an handgemachten und frischen Produkten auf Kundschaft: Gemüse und Obst, Konfitüre und Honig, Wurst und Schinken. Die meisten Waren kommen aus eigener Herstellung. Geschlachtet wird nach einem alten Hausrezept, die Eier (200 pro Tag) stammen von freilaufenden Hühnern. Und die Brombeeren, Johannisbeeren und Himbeeren für die Marmelade sammeln Riggerts im eigenen Wald. Aber auch beim Honig und bei den Blaubeeren, die von befreundeten Betrieben geliefert werden, übernehmen sie die Qualitätsgarantie: „Alles erstklassig!" Vom Laden sind es übrigens nur rund 50 Meter bis zum bunten Blumenfeld. Das 2 000 Quadratmeter umfassende Areal wird zwischen Frühjahr und Herbst zum Selbstpflücken freigegeben.

Der genaue Blick auf den Veranstaltungskalender zeigt, dass Heike und Hans-Herrmann Riggert noch eine Menge mehr Ideen verwirklicht haben. Die zum schmucken Partysaal ausgebaute Scheune kann für private Feiern angemietet werden. Der sommerliche Flohmarkt ist ebenso ein Ereignis wie das Hoffest. Da wird gekocht und gebacken, dass es eine Freude ist. Erbsensuppe für mittags, Kaffee und Kuchen für nachmittags. Eine befreundete Country-Band sorgt für die passende Musik. „Man muss etwas tun, um die Leute hierher zu bekommen", lautet die Devise. Schon schwirren den beiden die nächsten Gedanken durch den Kopf: „Eine Eislaufbahn im Winter, das hätte doch was!"

HOTEL WACHOLDERHEIDE

Hotel Wacholderheide

Dorfstraße 6
29578 Eimke

Telefon 0 58 73 / 98 06 46
Telefax 0 58 73 / 98 06 00
www.hotel-wacholderheide.de

Der Klecks Sauerrahm macht den Unterschied. Aus einer Kartoffelsuppe wird die typische Eimker Kartoffelsuppe. Eine echte Heide-Delikatesse. Walter Brokmann zählt zu jenen Köchen, die das Alltägliche lieben, es aber durch kleine Extras in neuem Glanz erstrahlen lassen wollen. Eine Herausforderung, an der manche Kollegen scheitern, die Brokmann aber sicher meistert. Er mag die über Generationen weitergereichten Rezepte der ländlichen Küche, findet Schickimicki-Kochen „ganz schrecklich“ und weiß doch, dass er ohne neue Impulse und Ideen aufgeschmissen wäre. Ja schon, früher habe man anders gekocht als heute, bestätigt Ehefrau Petra. Aber früher habe man auch anders gelebt und deshalb müsse man auch im guten alten Landgasthaus mit der Zeit gehen. Vorsichtig und behutsam zwar, aber doch mutig und beherzt.
Walter Brokmann kann vergleichen. Seit Mitte der 1970er Jahre steht er in dem rund 120 Jahre alten Familienbetrieb, der 1990 in „Hotel Wacholderheide“ umbenannt

wurde, am Herd. Anfangs habe er noch mit der Oma gemeinsam die Pensionsgäste bekocht, erinnert er sich. Es war die Zeit, als Essengehen – „jedenfalls auf dem Dorf" – noch etwas Besonderes darstellte. Die Erwartungen an die Köche konnten dementsprechend kaum höher sein. „Damals durfte man wirklich niemanden enttäuschen."
Diese Jahre haben Brokmann und seine Einstellung zum Kochen nachhaltig geprägt. „Zwei Dinge zählen in der Küche", bekräftigt er, „die absolute Frische der Produkte und unser Können". Jedes Detail sei wichtig, jeder Handgriff müsse sitzen. Und bei den Zutaten sei oberstes Gebot, sich direkt aus der näheren Umgebung beliefern zu lassen. Kein Problem, denn wer mehr als 30 Jahre im Geschäft ist, kennt die passenden Adressen aus dem Effeff. Das macht die Suche nach den besten Produkten um einiges leichter.

Klare Worte, klare Küche. So lautet das Prinzip der Brokmanns. Sie verzichten gern auf unnötige Schnörkel. Bei der Frage nach der Küchenphilosophie reden sie nicht lange um den heißen Brei herum: „Bodenständig!"

Im Restaurant kommt also genau das auf den Tisch, was hier im Herzen der Lüneburger Heide erwartet wird – deftige regionale Kost. Die Gäste dürfen sich mit saisonalen Delikatessen wie Spargel, Matjes oder Grünkohl, mit Wild aus den heimischen Jagdgebieten und erlesenen Spezialitäten von der Heidschnucke verwöhnen lassen. Auf der Karte stehen Hirschsteak, Rehbraten und Heidetopf. Darüber hinaus werden Monat für Monat jahreszeitlich orientierte Büfetts angeboten: Fisch gibt's im März, italienisch Leichtes im Juli, Geflügel im November. So viel Abwechslung, das Lob und Zuspruch der Gäste, tut gut.

„Wir sind schon Landeier", räumt Petra Brokmann schmunzelnd ein. Einfallslos sind sie allerdings nicht. Als Beleg dafür kann auch der dem „Hotel Wacholderheide" angegliederte Weinladen „Feine Weine" herhalten. Er ist mit rund 60 Tropfen aus den bedeutendsten deutschen Anbaugebieten bestückt. Ungewöhnlich gut für die Region, mag man meinen. Werden da womöglich Ambitionen auf mehr sichtbar? Walter Brokmann denkt einen Moment nach, schüttelt dann den Kopf: „Nein, nein, es ist schon in Ordnung so wie es gekommen ist."

GARTOWER WILDSPEZIALITÄTEN

Gartower Wildspezialitäten

Auf dem Schlosshof
29471 Gartow

Telefon 0 58 46 / 98 02 75
Telefax 0 58 46 / 98 02 77

Die „Gartower Tannen" verfügen über einen legendären Ruf. Seit mehr als 300 Jahren befindet sich das wendländische Kiefernforstgebiet im Besitz der Familie von Bernstorff. Mit 5 500 Hektar Fläche ist es der größte Privatwald auf deutschem Boden. Über die Hälfte des Areals wird als Jagdrevier genutzt. Rund 200 bis 250 Tiere sind Jahr für Jahr für den Abschuss freigegeben. Der überwiegende Teil des Fleisches landet im gräflichen Kochtopf. Was bleibt, übernehmen Carl und Ilse Früchel.
Das aus Berlin stammende Paar war 2001 eigentlich nach Gartow gezogen, um beruflich kürzer zu treten. Dann aber wurden sie von Metzgermeister Werner Wollny und seiner Ehefrau Erika gebeten, den Wildladen auf dem historischen Schlosshof zu übernehmen. „Das war schon eine echte Herausforderung und deshalb haben wir auch nicht lange überlegt", erinnert sich Carl Früchel. Anfang 2005 wurden die Namensschilder schließlich ausgewechselt. Die „Gartower Wildspezialitäten" hatten einen neuen Inhaber. Auch Graf von Bernstorff war zufrieden.
„Das Wild wächst hier in seiner natürlichen und gesunden Umgebung heran", erläutert Früchel. Seine Kunden stammen aus dem ganzen Bundesgebiet. 0,6 Kilogramm Wildbret verzehrt jeder Deutsche im Jahr. Tendenz steigend. Vor allem bei gesundheitsbewussten Genießern steigt die Beliebtheit. Frei laufende Tiere ernähren sich aus-

schließlich vom natürlichen Nahrungsangebot der Natur. Daher ist ihr Fleisch frei von Mastfutter, Hormonen und Medikamenten. Es hat zudem einen feinen Geschmack und ist sehr fettarm und nährstoffreich. Darüber hinaus wird jedes Stück Schwarzwild einer genauen amtstierärztlichen Beschau unterzogen.
Früchels bieten ausschließlich Wild in Premiumqualität an. Damit erklären sie auch, warum sie ihr Geschäft nur freitags und samstags öffnen: „Wir verkaufen nur persönlich ausgesuchte Ware und müssen viel vorbereiten und verarbeiten, um den Standard zu halten." Nach wie vor kommen ausschließlich Tiere in den Handel, die in den umliegenden Revieren in freier Wildbahn gelebt haben. Die Auswahl schränkt das keinesfalls ein. Hier gibt es alle kulinarischen Köstlichkeiten, die der Gourmetgaumen begehrt: Salami, Braten, Würstchen, Schinken. Und die Liste der Spezialitäten ist noch länger.
Je nach Jagdsaison umfasst Früchels Sortiment frisches Rot-, Dam-, Reh- und Schwarzwild, manchmal auch Muffel. Am frühen Morgen liefern die Jäger. Gleich danach beginnt der Schlachter, das Fleisch nach eigenen Rezepten zu edlen Spezialitäten zu verfeinern. Geräucherter Hirschschinken, heiße Frikadellen direkt aus der Pfanne und Wildsauerfleisch sind typische Beispiele für die vielfältige Delikatessenpalette. Seiner luftgetrockneten Wurst gönnt Früchel, der übrigens selbst kein Jäger ist, eine Reifezeit von rund drei Monaten. Besonders beliebt bei den zahlreichen Stammkunden ist darüber hinaus die Landjägerwurst, eine Kantensalami.
So überraschend der Einstieg ins Wildgeschäft 2005 kam, so sehr haben sich die Händler inzwischen mit ihrer Aufgabe angefreundet. Carl Früchel: „Irgendwo in der Stadt hätten wir sicher keinen Laden übernommen. Aber das ist hier ein sehr spezieller Standort. Und wenn man weiß, dass man seinen Kunden nur das Beste verkauft, dann ist das wirklich ein sehr schönes Gefühl."

Rehkeule

Zutaten

1 Rehkeule
5 Wacholderbeeren
1/2 TL Thymian
50 g Butter oder Margarine
1/2 l Fleischbrühe (z.B. Instantbrühe)
1/2 l Wasser
1/8 l saure Sahne
1 EL Preiselbeermarmelade
Soßenbinder oder Mondamin
Salz, Pfeffer

Zubereitung

Die Rehkeule kalt abwaschen, Haut abziehen. Salzen, pfeffern und Thymian dazugeben. Den Backofen auf 200 °C vorheizen. Das Fleisch in einer Pfanne von allen Seiten kräftig anbraten, danach mit dem Bratenfett in einen Schmortopf geben und mit Speckstreifen belegen. Wacholderbeeren und 1/2 l Fleischbrühe dazugeben. Bei zugedecktem Topf rund 90 Minuten schmoren lassen. Ab und zu begießen. Fertige Keule auf eine Platte legen, mit Alufolie abdecken und im ausgeschalteten Backofen ruhen lassen. Inzwischen Bratenfond mit 1/2 l Wasser aufkochen lassen. Saure Sahne mit Soßenbinder verquirlen und die Soße damit binden. Mit Salz, Pfeffer, Preiselbeermarmelade und eventuell etwas Rotwein abschmecken. Dazu passen Rotkohl, Klöße, Kartoffeln oder Kroketten.

KENNERS LANDLUST

Kenners LandLust

Dübbekold 1
29473 Göhrde

Telefon 0 58 55 / 97 93 00
Telefax 0 58 55 / 97 93 02
www.kenners-landlust.de

Ein Bilderbuch liegt auf dem Tisch. Einer der kleinen Gäste hat es wohl vergessen. Macht nichts. Wird schon nicht verloren gehen.

Kleine Gäste sind bei Barbara und Kenny Kenner immer willkommen. Die Großen natürlich auch. Seit nunmehr sieben Jahren betreiben sie „Kenners LandLust", Bio-Hotel und Öko-Pension. Luise, ihre kleine Tochter, ist immer mittendrin. Erfahrungen im ökologischen Bereich haben sie zur Genüge. Da war der Biobauernhof, der dazugehörige Hofladen, der ökologische Partyservice und ein Tagungshaus, das ebenfalls eine ökologische Ausrichtung hat.

Mit „Kenners LandLust" wollen sie ihren Gästen mitten in der Natur diese nahe bringen und ihnen Tage der Ruhe und Muße, der inneren Einkehr ermöglichen. Das gilt ebenso für den Tagungsgast wie für die Familie, die einmal im Jahr dem täglichen Stress entkommen möchte.

Neben der guten Küche wird den Gästen aber noch mehr geboten. So wandert Kenny

Kenner einmal in der Woche mit Interessierten durch den Staatsforst Göhrde, dem größten zusammenhängenden Mischwaldgebiet Norddeutschlands.
Zurück im Hotel kann sich am reichhaltigen gesunden Büfett bedient werden. Viele Gerichte sind für Nahrungsmittelallergiker oder Diabetiker geeignet. Auch Vegetarier finden eine reiche Auswahl. Die Vollwertkost zeigt Einschläge aus aller Welt, wird so nie langweilig und überzeugt auch Biomuffel. Lecker zum Frühstück ist die von Inge Feller, der Mutter von Barbara Kenner, selbst zubereitete Marmelade. Die Beeren hat sie auf einem Spaziergang mit der Enkelin im Wald gepflückt.
Wer nun endgültig von der gesunden Vollwertküche überzeugt ist, der kann einen der beliebten Kochkurse buchen. Die ausgebildete Ernährungsberaterin Barbara Kenner gibt gerne ihr Wissen weiter. Danach wird gemeinsam gegessen, denn Geselligkeit in netter Runde steht bei Kenners hoch im Kurs.

Wer zwischendurch mal etwas Warmes möchte, der bereitet sich in der Teeküche einen Früchtetee zu und genießt den vielleicht im Engelzimmer. Einige Zimmer im Hotel haben einen Namen. Die schönen alten Möbel dieses Zimmers sind ganz aus alter honigfarbener Eiche und selbstverständlich lugen allenthalben kleine Engel hervor. Zudem ermöglicht dieses Zimmer elektrosmogfreies Schlafen, dank einer modernen Netzfreischaltung.
Die kleinen Gäste werden bis zu 20 Stunden in der Woche von Henning Riedl betreut. Er geht mit ihnen in den Wald, Tierspuren suchen, Höhlen bauen und Bäume erklettern. Die Eltern lassen sich derweil verwöhnen und genießen eine Kosmetikbehandlung oder Massage. Ein Schwimmbad befindet sich im Nachbarhaus.
Kenners fühlen sich im Wendland zuhause und möchten genau dieses Gefühl an ihre Gäste weitergeben. Eine von Deutschlands vielfältigsten Naturlandschaften mit Menschen, die sich für Kunst, Kultur und Politik interessieren, lädt ein.

Kohlrabi unter der Pilzhaube

Zutaten
600 g Kohlrabi
100 g Champignons
1/2 Zwiebel
20 g Käse
50 ml Sauerrahm
1 Schuss Apfeldicksaft
Pfeffer, Salz
5 TL Hefeflocken
2 frische Thymianzweige

Zubereitung
Den Kohlrabi putzen, in dünne Scheiben schneiden, kurz angaren und in eine Auflaufform legen. Für die Auflage die Pilze blättrig schneiden, kurz andünsten und in eine Schüssel geben, die Zwiebel fein hacken, den Käse reiben, Sauerrahm, Apfeldicksaft, Pfeffer, Salz, Hefeflocken und den fein gehackten Thymian dazugeben. Alles gut durchmischen, auf dem Kohlrabi verteilen und circa 15–25 Minuten backen.
Kohlrabi unter der Pilzhaube ist eine kleine feine Vorspeise, kann warm oder kalt gegessen werden oder auch gut ohne Käse, für Menschen, die keine Milchprodukte essen.

PENNY
MARKT
COFFEE SHOP

Wer durch die malerische Altstadt von Celle bummelt, glaubt sich ins Mittelalter zurückversetzt. Mit fast 500 wunderbar restaurierten oder auch malerisch windschiefen Fachwerkhäusern kann die Residenzstadt aufwarten. An jedem Haus gibt es andere Kostbarkeiten zu entdecken, alte Inschriften, rätselhafte Verzierungen oder schöne Läden hinter kleinen Sprossenfenstern.

Die vom Hochmittelalter bis ins 19. Jahrhundert vorherrschende Bauweise des Fachwerks war zwar im Raum Celle nicht weiter verbreitet als anderswo, aber hier konnten die Bauten erhalten werden und geben bis heute Zeugnis davon, wie Stadtkerne früher aussahen. Immer sind es Häuser mit einem tragenden Gerüst aus Holz und mit Lehm oder Ziegel gefüllten Zwischenräumen, Gefache genannt.

Nicht nur in Celle, auch in den umliegenden Orten findet man immer wieder eines der Niedersachsenhäuser oder Fachhallenhäuser, eine speziell im Norden vorkommende Art von Bauernhäuser im Stil der Fachwerkhäuser, in denen Tiere und Menschen unter einem Dach Platz finden.

Ebenso sehenswert ist das Celler Schloss im Stil der Weserrenaissance, das größte in der südlichen Heide. Die Ursprünge gehen auf eine Wasserburg zurück, die wohl noch aus Holz gebaut war. Bis heute liegt das Palais auf einer Insel, von ehemaligen Gräben umgeben. Einst war das heutige Schloss der Wohnsitz derer aus dem Hause Braunschweig-Lüneburg. Dem Schloss war ein Hoftheater angegliedert, was bis in unsere Tage überlebt hat. Das Festspielhaus gilt als das älteste bespielte Theater in Deutschland.

Bereits 1378 nahm der Herzog von Sachsen-Wittenberg in Celle Wohnung. Anfang des 18. Jahrhunderts verstarb der letzte Celler Herzog, damit ging das Fürstentum an die Welfen. Als Ersatz erhielt Celle den Rang einer Residenzstadt.

Damit zogen etliche Verwaltungseinrichtungen in die Stadt und der Ort begann sich als Beamten- und Juristenstadt zu etablieren. Es ist ihr offenbar gut bekommen.

In einer Legende heißt es: Vor die Wahl gestellt, entweder eine Universität oder ein Zuchthaus in die Stadt zu bekommen, entschieden sich die Bürger angeblich für das Zuchthaus. Sie bangten um die Sittsamkeit ihrer Töchter. Jedenfalls beherbergt die Stadt bis heute zahlreiche Gerichte und auch ein großes Gefängnis.

Rund um die Residenzstadt liegen kleine Orte wie Meißendorf und Hambühren. In Meißendorf bietet der „Naturschutzbund Niedersachsen" Seminare an und kämpft so um den Erhalt der Natur. Kultur und Natur verschmelzen in dieser Region zu einer Einheit.

Auch Wietze gehört zu den Orten um Celle. Wietze kann mit einer Besonderheit aufwarten, denn hier gibt es Öl. Wahrscheinlich, ganz sicher ist das leider nicht, fanden in Wietze sogar die weltweit ersten Erdöltiefbohrungen statt. Das war im Jahre 1858. Allerdings interessierte das in Wietze kaum jemanden, denn schon seit Jahrhunderten gewannen sie hier aus so genannten Teerkuhlen Öl. Nach regenreichen Sommern trat an gewissen Stellen Teer aus der Erde. Smeer oder auch Satansspeck nannten die Menschen das. Was auch immer es war, es eignete sich ganz hervorragend als Wagenschmiere, Dichtungsmaterial auf Schiffen oder auch zur Wundversorgung bei Tieren.
Mitte des 19. Jahrhunderts wurde man staatlicherseits auf den Reichtum aufmerksam.

Man begann mit einer professionellen Förderung. Aber die Auswirkungen auf den Ort und die Menschen waren nicht weiter nennenswert. Erst Ende des Jahrhunderts brach auch in Wietze das Erdölfieber aus. Nun veränderte sich der Ort, es wurde eine „richtige" Raffinerie gebaut und immer mehr Menschen zogen in die kleine Stadt. Erst Ende der 1970er Jahre wurden alle mit Öl befassten Betriebe stillgelegt, nachdem etwa eine Million Tonnen Erdöl gewonnen wurde.
Heute erinnert ein „Ölberg" an diese Zeit und das in Wietze ansässige „Deutsche Erdölmuseum". Aber ansonsten ist der beschauliche Ort wieder in einen wohlverdienten Dornröschenschlaf verfallen, der es Besuchern ermöglicht, sich in Ruhe und Muße an Kultur und Natur zu erfreuen.

RISTORANTE LA BUCA

Ristorante La Buca

Fritzenwiese 39
29221 Celle

Telefon 0 51 41 / 60 22
Telefax 0 51 41 / 60 21
www.labuca.de

Kleine windschiefe, aber sehr gepflegte Fachwerkhäuser säumen die Straßen der Altstadt von Celle. Eines dieser Kleinode beherbergt das italienische Restaurant „La Buca". Gabriele Ambrogiani ist in das über hundertjährige Fachwerkhaus erst vor gut einem Jahr umgezogen. „Die Lage mit der großen Terrasse direkt an der Aller war zu reizvoll", gibt er zu. „Hier kann ich sogar Gondelfahrten anbieten", schwärmt er und zeigt voller Stolz auf seine Gondel hinter dem Haus. Die kommt zum Einsatz, wenn wieder einmal ein „Venezianischer Abend", zu dem auch Musik gehört, ansteht.
Anstelle von Gondelfahrten wurde an dieser Stelle früher der Brückenpfennig erhoben. Wer über die nahe gelegene Brücke wollte, hatte zu zahlen. Die Zeiten sind gottlob vorbei und der Gast erreicht unbehelligt das schöne Restaurant.
Gelernt hat der temperamentvolle Italiener sein Handwerk bei einem Sternekoch in seiner Heimat. Heute allerdings begnügt er sich damit, die Küchenarbeit zu überwachen. Am Herd steht der allen nur als „Mario" bekannte Assistent des Chefs. Schon seit Jahren arbeitet er für Gabriele Ambrogiani und hat sich vollendet in die hohe Kunst der mediterranen Küche eingearbeitet. Der Meister selbst genießt derweil den Kontakt zu seinen Gästen. Wenn es seine Zeit erlaubt, setzt er sich gerne auf ein Schwätzchen dazu und plaudert ein paar Geheimnisse aus der gehobenen italienischen Küche aus.

Edles aus Neptuns weltweitem Reich, frische Trüffel und Steinpilze stehen auf der Karte. Dazu kommt eine große Auswahl an Tagesgerichten. Schon die Namen lassen Köstliches erahnen, wie zum Beispiel die Tagliatelle Bovine. Dahinter verbergen sich Bandnudeln (selbstverständlich hausgemacht) mit Champignons, Filetspitzen und Tomaten in einer Sahne-Kräuter-Soße. Dazu vielleicht einen weißen Bolgheri Vermentino mit blumig-fruchtigem Aroma? Die Weinkarte im „La Buca" ist erlesen. Auch verwöhnte Kenner des Rebensaftes werden hier fündig.

Nicht selten kommen Gruppen ins Haus. Ein Saal bietet Platz für bis zu 100 Personen. Dann wird das Menü zuvor mit dem Küchenchef besprochen und auf individuelle Wünsche eingegangen.

„Die italienische Küche ist der Ursprung der Kochkunst in Westeuropa", weiß Gabriele Ambrogiani zu berichten und meint weiter: „Jede Zutat muss für sich sprechen. Zugleich liegt aber in der Einfachheit die Raffinesse." Er legt Wert darauf, dass alles à la Minute gekocht wird. Für seine Künste in der Küche wurde der Meister denn auch schon vom italienischen Konsulat in Hannover ausgezeichnet.

Bei einem guten Glas italienischen Weins bleibt so mancher Gast gerne noch eine Weile in dem geschmackvollen rustikalen Ambiente des Restaurants mit der harmonischen Farbgestaltung in Naturtönen der Toskana oder dem herrlichen Blick von der Terrasse auf den Fluss und das dahinter liegende Grün. Und vielleicht findet Gabriele Ambrogiani dann die Zeit, um für einen kurzen Plausch an den Tisch zu kommen.

Bocconcini alla Toscana

Zutaten

8 Scheiben Schweinemedaillons (à 800 g)
2 cl trockenen Weißwein
60 g Butter
8 Blätter Salbei
10 g roter Pfeffer
4 EL Olivenöl
Salz und Pfeffer aus der Mühle

Zubereitung

Olivenöl in einer Pfanne erwärmen, die Schweinemedaillons darin kurz von beiden Seiten anbraten. Das Fleisch leicht salzen und mit dem Pfeffer aus der Mühle würzen. Alles mit Weißwein ablöschen und die Butter dazugeben.
Die Salbeiblätter dem Sud hinzufügen und kurze Zeit ziehen lassen.
Die Medaillons auf einem Teller anrichten, mit den Salbeiblättern belegen und das Ganze mit roten Pfefferkörnern garnieren.

TRYP HOTEL CELLE

Tryp Hotel Celle

Fuhrberger Straße 6
29225 Celle

Telefon 0 51 41 / 97 20
Telefax 0 51 41 / 97 24 44

Nur wenige Fahrminuten von der malerischen Altstadt Celles entfernt, liegt das größte Hotel der Stadt. Das „Tryp Hotel" kommt schick und im erfrischend jungen Stil daher – ein reizvoller Kontrast nach einem Bummel durch den mittelalterlichen Stadtkern mit den vielen Fachwerkhäusern oder einem Besuch des ältesten Barocktheaters in Europa. Das Auto bleibt derweil auf dem kostenfreien Parkplatz stehen.
Das Hotel mit großzügigen Tagungsräumen in verschiedenen Größen, alle mit hervorragendem Equipment ausgestattet, gehört zur „Sol Melia Gruppe", die bereits 1956 in Palma de Mallorca gegründet wurde und heute mit Abstand die größte Hotelkette Spaniens ist. Über 300 Hotels in 25 Ländern der Erde gehören zur Gruppe. Das garantiert Erfahrung und Sicherheit.
Der mediterrane Einschlag ist vor allem in der Küche zu spüren. Das zum Haus gehörende, geschmackvoll eingerichtete Restaurant „Bodega del Sol" mit der großen Terrasse verwöhnt die Gäste unter anderem mit köstlichen Tapastellern, den inzwischen nicht nur auf der iberischen Halbinsel so beliebten Vorspeiseplatten. Diese bieten von allem etwas und weisen den Weg durch die Mittelmeerküche. Gegrillte Auberginen und Artischocken, pikante spanische Paprika-

wurst, Serranoschinken, eingelegte Garnelen und panierte Tintenfischringe sind nur ein Teil der Leckereien auf dem Vorspeisenteller, die der Küchenchef Konstantin Sinner den Gästen offeriert. Großen Wert legt er dabei auf die Präsentation der Speisen auf dem Teller. „Das Auge isst schließlich mit", meint der gebürtige Russe. Es ist die iberische Inspiration, die die Küche hier so interessant macht und wohltuend lebhafte Akzente in der Stadt setzt.

Geführt wird das Haus von dem 43-jährigen Andreas Lachmuth. Der Hoteldirektor ist stolz darauf, einer so schönen Destination mit einem so guten Ruf in der Stadt vorstehen zu dürfen. Von Anfang an war er in Celle „mit dabei", wie es der gelernte Hotelfachmann ausdrückt. „Es ist spannend, immer mal wieder auch Ideen aus dem internationalen Bereich der Hotelkette in Celle einzubringen und so auch an der Entwicklung der Region mitwirken zu können", sagt er. So arbeitet er oft in enger Kooperation mit der Stadt und fördert die Tourismusregion Celle mit der Teilhabe an einzelnen Projekten.

Familiäres Ambiente möchte er mit den Vorzügen der Professionalität einer Kette verbinden. Persönliche Betreuung der Gäste und das Eingehen auf die besonderen Wünsche jedes Einzelnen sind ihm dabei wichtig, egal ob Familien mit Kindern, Geschäfts- oder Kulturreisende. Die Ruhe in den komfortablen, mit Internetzugang ausgestatteten Zimmern oder einen Espresso im weiträumigen Foyer an der rund um die Uhr geöffneten Bar genießen alle gleichermaßen.

Tournedos vom Seeteufel, gefüllt mit grünem Spargel auf Safran-Paprika-Püree und Tomaten-Risotto-Bonbons

Zutaten

2 Stück Seeteufel
Zitronensaft
100 g Serranoschinken, in Scheiben
6 Stangen grünen Spargel
4 gelbe Paprikaschoten
200 g Risottoreis
500 ml gewürzte Brühe
1/8 l Weißwein
4 Tomaten, gewürfelt
20 ml Sahne
50 ml Olivenöl
1 Zwiebel, fein gehackt
20 g Butter
30 g frisch geriebener Parmesankäse
Salz, Pfeffer, Safran, Basilikum

Zubereitung

Seeteufel in drei Zentimeter dicke Scheiben schneiden, mit Zitronensaft beträufeln, salzen und pfeffern. Vom Spargel das untere Drittel schälen. Die Stangen an den Enden abschneiden, waschen und in 3 cm lange Stücke schneiden. Für 3 Min. in kochendes Salzwasser geben, dann eiskalt abschrecken.

Fischmedaillons in der Mitte einschneiden und mit Spargelstücken füllen, die Außenseite mit Serranoschinken ummanteln.

Die Paprikaschoten im Grill anrösten bis sich die Haut löst, dann alle 5 Min. drehen, bis sie rundum dunkel gebräunt sind. Die Paprika 10 Min. in einen Plastikbeutel legen, die Haut abziehen und halbieren. Paprika hacken und mit etwas Salz, Pfeffer, Safran und Sahne aufkochen. Anschließend pürieren und zu kleinen Bällchen formen.

Im Topf Zwiebel in Olivenöl farblos dünsten, Reis hinzufügen und 2 Min. mitschwitzen lassen. Mit Weißwein löschen, verdampfen lassen. Unter Rühren die heiße Brühe hinzufügen und 15 bis 18 Min. bissfest kochen. Mit Salz, Pfeffer und Basilikum abschmecken. Dann Butterflocken, Parmesankäse und Tomaten unter das Risotto heben.

Olivenöl in einer Pfanne erhitzen und den Fisch darin von beiden Seiten anbraten.

HOTEL UND RESTAURANT ZUR HEIDEBLÜTE

Ein frisch verliebtes Paar sitzt in dem kleinen Separee unter blauer Decke mit leuchtenden Sternen. Ein paar Kinder vergnügen sich in der Spielecke, wieder andere ziehen es vor, in einer der lauschigen Nischen im schönen Garten zu sitzen. Die „Heideblüte" bietet für jeden Gast den passenden Winkel oder das rechte Eckchen. Das Ambiente zeichnet sich durch stilvolle Moderne, die durch einige Antiquitäten ergänzt wird, aus.

Die drei Geschwister Nicole und Guido Schulze und Roger Burkowski haben vor rund zehn Jahren den Betrieb von ihren Eltern, Gerda und Wilhelm Schulze, übernommen. Jeder hat einen Bereich, um den er sich kümmern muss, ihre Partner, Detlef, Diana und Meike, sind davon nicht ausgenommen. Das Restaurant mit Sommergarten, Tagungsbereich, Gästehaus und Hotelbar bietet Arbeit für alle. Und alle sind mit Begeisterung dabei. Für die Küche ist Uwe Lauber zuständig, den es nach einem Ausflug auf die Insel Sylt wieder in die Heide verschlagen hat.

Der Hotelfachmann Roger Burkowski erinnert sich gerne daran, wie er von seinen Eltern den Wert der Gastfreundschaft vermittelt bekommen hat. Er mag es, hier immer wieder anderen Menschen zu begegnen.

Die Geschwister sind stolz auf den Eintrag im Marcellino's Gästeführer, der nicht von distanzierten Kritikern geschrieben wird, sondern die Gäste höchstselbst zu Wort kommen lässt. Die loben neben den mit

Hotel und Restaurant zur Heideblüte

Celler Straße 1–3
29313 Hambühren/Ovelgönne

Telefon 0 50 84 / 9 81 90
Telefax 0 50 84 / 98 19 19
www.heidebluete.de

antiken Möbeln bestücken Zimmern vor allen Dingen die Küche. Uwe Lauber bietet regionale Spezialitäten wie Heidschnuckenbraten mit Wirsingkohl und Kartoffelschnee, aber auch einen Garnelenspieß auf Bandnudeln und Rahmspinat mit Shrimps.
Für Tagungen oder Familienfeiern wird das Büfett mit den Gästen abgesprochen.
So manch einer ist dann gerne auch mal ein paar Tage länger geblieben. Zu verlockend waren die Möglichkeiten einer Kanufahrt auf Aller oder Örtze oder die Aussicht auf eine Boßeltour, ein dem französischen Boule nicht ganz unähnlicher Sport, bei dem auf keinen Fall die nötigen Getränke fehlen dürfen.
Geschätzt wird auch die große Auswahl an offenen und Flaschenweinen. Zur Spargelsaison steht auf jedem Tisch bereits ein so genannter „Spargelwein", speziell zu diesem Zweck abgefüllt und in Aroma und Geschmack genau zu dem edlen Gemüse passend.
Jeden Monat gibt Uwe Lauber an einem Nachmittag einen Kochkurs, den auch gerne Gruppen ab sechs Personen buchen. Erst wird gemeinsam in den Töpfen gerührt und dann zusammen ein Fünf-Gänge-Menü genossen. Besonders beliebt ist der Kochkurs mit Übernachtung, zu dem es für jedes gebuchte Doppelzimmer mit Kochevent ein Buchpräsent gibt.

Vital und gesund lässt es sich aber auch im Restaurant speisen. Die Frage nach der Gesund-und-vital-Karte lohnt sich. Da findet man gesundheitsbewusste Gerichte, die sowohl fettreduziert zubereitet sind als auch aus kalorienarmen Produkten bestehen, aber trotzdem ganz lecker sind!

Heidelbeer-Vanilleparfait

Zutaten
ca. 250 g Heidelbeeren
3 Eier
4 Eigelb
350 g Zucker
1 Vanillestange, ausgekratzt
1 L Sahne
50 g Butter
3 EL Rotwein

Zubereitung
Eier, Eigelb, Vanillestange und 250 g Zucker über einem warmen Wasserbad aufschlagen. Danach in kaltem Wasser wieder abkühlen lassen.
In der Zwischenzeit die Sahne schlagen. Wenn die Masse erkaltet ist, die Sahne unterheben.
Für die Soße 100 g Zucker karamellisieren lassen, etwas Butter dazugeben, mit Rotwein ablöschen und Zucker auflösen lassen. Mit etwas Mondamin abbinden und über die Heidelbeeren geben. Kalt stellen!
3 EL Soße pürieren und durch ein Sieb geben. Etwas Parfaitmasse abnehmen und mit der passierten Soße vermischen.
Form mit Folie auslegen, das Vanilleparfait zur Hälfte einfüllen, das Heidelbeergemisch vorsichtig darüber geben und mit dem Rest Vanille auffüllen. Der Kern sollte in der Mitte sein. Danach die Formen für 8 Stunden einfrieren.

BUSKES HOTEL STEINFÖRDE

Buskes Hotel Steinförde

Steinförder Straße 85
29323 Wietze

Telefon 0 51 46 / 14 62
Telefax 0 51 46 / 44 93
www.buskes.de

Wohlig rekeln sich die Gäste in den Korbmöbeln unter blühenden Bäumen, atmen den Duft von Lavendel ein, schauen auf das in der Sonne glitzernde Wasser im kleinen Pool und lassen die Seele baumeln. In dem südfranzösischen Flair ist alle Hektik vergessen. Der nicht nur im Ort bekannte Sommergarten „La Provence" gehört zu „Buskes Hotel Steinförde" und ist eines der gastronomischen Kleinode der Region.
„Wir möchten, dass sich unsere Gäste wohl fühlen", sagen Brit und Matthias Buske. Seit einigen Jahren führt das Ehepaar das traditionsreiche Haus. Irene und Günter Buske haben gerne dem Sohn und der Schwiegertochter das Kommando übergeben, auch wenn sie immer noch ab und zu aushelfen. Bereits Anfang des 19. Jahrhunderts wurde der Betrieb als Herberge und Gaststätte errichtet. Kutscher konnten ihre Pferde vor der Weiterfahrt hier tauschen. Buskes Senior machten sehr viel später aus der Dorfgaststätte ein Restaurant mit Hotelbetrieb. Noch heute nutzen zahlreiche Vereine den Clubraum und die Kegelbahn.
Nach einer umfangreichen Renovierung kommt das Haus nun im stilvollen Ambiente daher. Edle Hölzer harmonieren wohltuend

mit Stoffen in beige-braunen Tönen. Die harmonische Farbgestaltung ist von der Espressobar über das Restaurant bis in den Saal und die eleganten Gästezimmer durchgehalten worden.
Die Küche ist der Region angepasst, wobei Matthias Buske streng darauf achtet, frische Produkte zu verwenden. Am liebsten würde er sogar selber Rinder züchten, um sicher zu sein, dass auch wirklich alles seinen hohen Anforderungen genügt. Die gutbürgerliche Küche des Küchenmeisters und Konditors muss stets eine besondere Nuance haben. „Ich probiere gerne auch mal etwas Neues aus", sagt er. Beliebt sind der Steinförder Spieß mit drei verschieden Steaks und üppiger Gemüseplatte oder die Fischplatte für zwei Personen. Gruppen lassen sich gerne auch mit frischem Spargel und jungen Heidekartoffeln im Frühjahr oder im Herbst mit unverfälschten Pfifferlingen verwöhnen. Es versteht sich von selbst, dass die typischen Heidegerichte wie Heidschnucke und Gans auf der Karte nicht fehlen. Zum Dessert dann vielleicht ein Nougatparfait oder eine Feige im Weinteig? Das mögen auch immer mehr jüngere Leute. Junges

Stammpublikum kommt aus dem nahen Celle ebenso regelmäßig wie alteingesessene Wietzener, zu denen sich auch die Buskes selbst zählen.
Für den persönlichen Kontakt zu den Gästen sorgt Brit Buske. Die gelernte Restaurantfachkraft arrangiert gerne Ausflüge zu sehenswerten Punkten wie dem Erdölmuseum oder gibt gute Tipps für Radwanderungen durch die Naturschönheiten der Heide. Wer Kultur und Natur mit einem Tag für die eigene Schönheit verbinden will, dem bucht sie bereitwillig einen Termin im Kosmetiksalon nebenan. Nach einem so ereignisreichen Tag schmeckt ein Cappuccino in der Espressobar doppelt gut.

Nougatparfait, Feige im Schokoladenweinteig und Apfelsinen-Minzsalat

Zutaten

50 g dunkler Nougat
2 Eigelb
15 g Honig
15 g Vanillinzucker
150 g Sahne

4 Feigen
1 Ei
35 g Mehl
30 ml Weißwein
10 g Kakao, natur
20 g Zucker
Salz

5 Apfelsinen
20 g Minze
75 g Zucker
150 ml Apfelsinensaft
1 TL Weizenstärke
200 g Himbeeren

Zubereitung

Für das Parfait das Nougat im Wasserbad schmelzen, mit Honig, Vanillinzucker und Eigelb noch im Wasserbad schaumig schlagen. Die Masse im Eiswasser abkühlen und dann nach und nach die geschlagene Sahne unterheben.
Die Nougatmasse in kleine Förmchen füllen und drei Stunden in den Tiefkühlschrank stellen.
Das Ei mit dem Mehl, Zucker, Kakao und einer Prise Salz vermengen. Langsam den Wein dazurühren. Die Feigen schälen und vorsichtig durch den Weinteig ziehen und im Fettbad bei 175 °C zwei Minuten ausbacken.
Den Zucker in einem kleinen Topf auf dem Herd leicht karamellisieren lassen und mit Apfelsinensaft ablöschen. Nachdem die kleinen Klümpchen verkocht sind, die Flüssigkeit mit der Weizenstärke abbinden. Nach dem Abkühlen die filetierten Apfelsinenstücke und die in feine Streifen geschnittene Minze unterheben.
Alles zusammen mit Himbeeren auf einem Teller servieren.

HEIDJER-STUBE

Heidjer-Stube

Steinförder Straße 60
29323 Wietze

Telefon 0 51 46 / 6 04
Telefax 0 51 46 / 98 72 17
www.heidjerstube.de

Vor dem alten Fachwerkhaus im Ortskern von Wietze hält eine Kutsche. Vergnügt steigt die Ausflugsgruppe ein. Nun aber los! Erst mal eine Tour durch die herrliche Landschaft der Südheide machen und dann zurück und so richtig lecker speisen in der „Heidjer-Stube". Michael Krüger, der Wirt des Hauses, das nach den Ureinwohnern der Heide benannt ist, wird dann schon auf seine Gäste warten und sie nach allen Regeln der Kunst mit Köstlichkeiten aus der Region verwöhnen.

Der einstige Bauernhof wurde 1806 erbaut. 1984 ist das heutige Café-Restaurant gegründet worden. Vor etwas mehr als zehn Jahren übernahmen Sandra und Michael Krüger die „Heidjer-Stube".

Damals wie heute wird den Gästen täglich frischer selbst gebackener Kuchen gereicht. Gebacken wird täglich. Die Kuchen- und Tortenspezialitäten des Hauses sind weit über den Ort hinaus bekannt. Besonders beliebt sind Buchweizen- und Himbeertorte, aber auch die riesigen Stücke Stachelbeerbaisertorte. Diese leckere Sünde serviert Sandra Krüger, die Chefin des Familienbetriebs.

Dazu aber ist eine reichhaltige Auswahl an Speisen aus dem Heideland und vieles, vieles mehr gekommen. Der 39-jährige Michael Krüger kocht selbst und bildet zudem noch zwei Köche und drei Restaurantfachkräfte aus. „Man muss sich schließlich auch um den Nachwuchs kümmern", erklärt er sein Engagement und meint weiter: „Zu diesem Beruf braucht es Leidenschaft." Dass er die mitbringt, schmeckt man!

Michael Krüger kommt aus dem Ort. Hier ist er geboren und aufgewachsen. Hier fühlt er sich zuhause. Er liebt diesen Landstrich und die Menschen, die hier leben. Deshalb ist er froh, dass auch seine kleine Tochter Celine hier aufwachsen darf und die Schönheiten der Heide kennenlernt.

Der Region verbunden fühlt er sich auch in der Gestaltung der Speisekarte des Restaurants. Die vielen Aktionswochen zeugen von seinem Einfallsreichtum. Da gibt es im Februar eine Fischwoche, im Mai muss

Spargel auf den Tisch, im August Heidschnucke und Pfifferlinge und im November Wild. Kaum einer kann dem hausgemachten Sauerfleisch mit Remouladensauce und Bratkartoffeln widerstehen. Dabei verwendet er stets nur frische Produkte. Gruppen reisen gar mit Bussen an, um nur ja nichts zu verpassen. Sehr beliebt unter diesen Gästen ist der „Heidjer-Teller", immer wieder verlangen sie danach.
Seine Stammgäste mögen die gutbürgerliche Küche in gemütlicher Atmosphäre und den freundlichen Service. Wohl auch deswegen feiern so viele im schönen, hell und freundlich gestalteten Saal mit Bar ihre Familienfeste oder Betriebsfeiern. Sie wissen, dass Sandra und Michael Krüger alles tun werden, um die Feier unvergesslich zu machen. Und wer gut in den Tag starten möchte, der geht zum reichhaltigen Frühstücksbuffet in die „Heidjer-Stube".

Rosa gebratener Heidschnuckenrücken mit Senfkruste, Ratzeputzsoße auf Bärlauchspinat

Zutaten

1 kg Heidschnuckenrücken ohne Knochen
4 cl Ratzeputz (Ingwerlikör aus Celle)
$^1/_2$ l Lammfond
100 ml Portwein
Salz, Pfeffer
200 g handgeriebenes, weißes Toastbrot
4 Eigelb
1 EL Dijonsenf
600 g frischer Spinat
2 Schalotten
nach Belieben frischer Bärlauch und frischer Thymian
30 g Butter
100 g Sahne

Zubereitung

Den Heidschnuckenrücken von Sehnen und Fett befreien, von beiden Seiten zwei bis drei Minuten kräftig anbraten und gut würzen. Aus der Pfanne nehmen und kurz warm stellen. Den Bratensatz in der Pfanne mit Mehl abstäuben, mit Ratzeputz und Portwein ablöschen und mit dem Lammfond aufgießen. Auf die Hälfte reduzieren lassen. Mit kalter Butter und Pürierstab aufmontieren.
Aus dem Weißbrot, den Eigelben, Senf und frischem Thymian die Kruste herstellen und gleichmäßig dünn auf dem Rücken verteilen. Dann unter dem Grill oder im Backofen (nur Oberhitze) bräunen.
Spinat putzen und in kochendem Wasser blanchieren. Sofort mit Eiswasser abschrecken. Schalotten in feine Würfel schneiden und in Butter glasig schwitzen. Spinat dazugeben und kurz mitschwitzen lassen. Mit Sahne aufgießen und fein geschnittenen Bärlauch dazugeben. Alles kurz aufkochen lassen und mit Salz und Pfeffer abschmecken.
Dazu Pariser Kartoffeln reichen.

GUT SUNDER

Gut Sunder
Naturhotel und Restaurant

Gut Sunder
29308 Meißendorf

Telefon 0 50 56 / 97 10 95
Telefax 0 50 56 / 97 01 66
www.gutsunder.de

Sicher blickt gleich ganz verstohlen eine kleine Waldfee um die Ecke. Oder mag sie noch nicht entdeckt werden? Wir werden sehen ...

Mitten in einem wie aus dem Märchen kommenden Wald liegt das „Gut Sunder Naturhotel und Restaurant". Rund um Haus und großer Terrasse ist mit feinen Dingen aus alten Legenden dekoriert worden. Kugeln aus schillerndem Glas, leuchtende Sterne aus Metall und Blumen in bunten Kübeln finden sich zu hübschen Arrangements zusammen. Die Natur kommt hier in einem eleganten Ambiente daher. Alles ordentlich bewacht von Benny, dem Berner Sennenhund. Aber eigentlich ist ihm nur nach Spielen und Schmusen zu Mute.

Das einstige Fischgut führt Heike Schulz gemeinsam mit ihrem Lebensgefährten Thomas Meyer. Er ist als Geschäftsführer für die Verwaltung und das Organisatorische zuständig, sie steht in der Küche und verwöhnt die Gäste mit Köstlichem aus der Region. „Aus der Region soll es schon sein, denn wir kommen ja auch von hier", sagen beide und lachen sich an.

Bevor das Paar das Restaurant mit kleinem Hotel übernahm, wurde es vom „Naturschutzbund Deutschland", dem NABU, geführt. Dessen Seminare finden noch immer hier statt, aber auch Tagungen jeder anderen Art. Schon im dreizehnten Jahrhundert fand das „Gut Sunder" als Klostergut Erwähnung. Mitte des siebzehnten Jahrhunderts wurden die noch heute vorhandenen Fischteiche angelegt. Gefischt wird heuer nicht mehr, aber umso besser gekocht. Heike Schulz ist Köchin aus Leidenschaft, wie sie es selbst formuliert. Heidschnuckengerichte sind zu ihrer Spezialität geworden. Gäste wissen aber auch die inzwischen schon legendäre „Gut Sunder Pfanne" zu schätzen. Filetstreifen vom Schwein in pikantem Gemüse mit Mozzarella und hausgemachten Spätzle lassen das Herz jedes Gourmets höher schlagen. Sie kocht à la Minute. „Alles soll ganz frisch auf den Tisch kommen", meint sie. „Der Wein muss zum Essen passen", ist Thomas Meyer überzeugt und hat dafür

gesorgt, dass schon auf der Speisekarte eine entsprechende Empfehlung steht.
Immer am ersten Wochenende im August steht „Sunder in Flammen". Da lässt sich während eines Musikfestivals zu Rock, Jazz und Klassik gut schlemmen. Zu Beginn des Sommers werden Weine aus Deutschland und Übersee verkostet. Wunderschöne Erlebnisse sind auch die Drei-Gänge-Menüs mit Einlagen von Zauberern oder Comedians.

Das ganze Jahr über wartet man im „Gut Sunder" mit Überraschungen auf. Aber eigentlich braucht es keinen besonderen Anlass, um einen Ausflug in die Idylle zu machen und dabei auch noch gut zu speisen.
Wenn die Magnolien oder der Rhododendron blühen, lockt danach ein kurzer Gang zu den ehemaligen Fischteichen. Und wer ganz genau hinschaut, sieht sie hinterm Haus, in all den Blüten, dann doch, die kleine Waldfee.

Gebratene Leber von der Heidschnucke

Zutaten
600 g Heidschnucken-Leber
5 mittelgroße Zwiebeln
1 großer Apfel
20 g Weizenmehl
40 g Pflanzenfett
Salz
Pfeffer

Zubereitung
Die Leber unter fließendem kalten Wasser gut abspülen. Die Zwiebeln abziehen und in dünne Scheiben schneiden. Den Apfel mit Schale, aber ohne Kerngehäuse in kleine Würfel schneiden. Die Leber in Scheiben schneiden und im Mehl wenden. Das Pflanzenfett erhitzen, dann die Leber auf einer Seite ca. 3–4 Minuten braten. Nachdem eine Seite gebräunt ist, die Leber wenden, mit Salz und Pfeffer würzen und weitere 3–4 Minuten auf der anderen Seite gar braten. Danach die Leber auf einer vorgewärmten Platte anrichten.
Die Zwiebelringe und Apfelwürfel in das noch heiße Bratfett geben, mit Salz und Pfeffer würzen und unter mehrmaligem Wenden ca. 5 Minuten bräunen, danach mit der Leber auf der Platte anrichten.
Als Beilage empfehlen wir Bratkartoffeln (ohne Speck) und einen frischen gemischten Salat.

STÖCKMANN'S WEINCAFE

Stöckmann's Weincafé

Braukmanns Kerkstieg 10
29308 Winsen/Aller

Telefon 0 51 43 / 66 56 75
Telefax 0 51 43 / 66 56 76

Mitten im Museumshof hat Carola Stöckmann ihr Weincafe eröffnet. „Kalandhof" heißt das Haus, in dem sie es errichtet hat. Der Name weist auf die ehemaligen Besitzer hin. Wie der zudem vermuten lässt, ist das Haus ein alter landwirtschaftlicher Hof. Stein für Stein und Balken um Balken wurde er vom Heimatverein Winsen abgetragen, im Museumsdorf wieder aufgestellt und aufs Beste restauriert. Nun ist der „Kalandhof" einer von vielen wieder hergerichteten Bauten und zeigt, wie früher einmal ländliches Leben aussah.

Die gelernte hauswirtschaftliche Betriebsleiterin Carola Stöckmann und der Restaurantfachmann Claus Böttges hatten schon lange davon geträumt, eine Kombination zwischen Weinstube und Café, eben ein Weincafé, in ihrem Heimatort zu eröffnen. Geblieben ist der Name, aber dahinter verbirgt sich heute eine Gastronomie für den Abend und Möglichkeiten für große Familienveranstaltungen. Guten Wein gibt es immer noch und auch leckere Torten und Kuchen. Für die ist Antje Seeger zuständig. Täglich backt sie im Weincafé acht bis zehn

verschiedene Torten, nach eigenen Rezepten und denen von Carola Stöckmann. Ihre Heidetorte wurde als beste der Land- und Hofcafés Niedersachsens ausgezeichnet. Backen ist halt ihre Passion. „Ein Leben ohne Backen kann ich mir nicht vorstellen", gesteht die erst 23-Jährige.
Küchenmeister Christian Stein und Koch Michael Schönburg sorgen für gute regionale Küche. Lammrücken mit Schupfnudeln oder Hirschkalb mit Bohnen im Speckmantel und Rosmarinkartoffeln stehen auf der Karte. Und natürlich im Frühjahr Spargel mit den berühmten jungen Heidekartoffeln.

Aber auch Flammkuchen in allen nur erdenklichen Variationen mit dem passenden Wein versprechen einen wundervollen Abend in romantischer Umgebung, sei es im Winter unter der alten Holzbalkendecke beim offenen Kaminfeuer oder im Sommer auf der ganz im Grünen gelegenen Terrasse. Dass keine künstlichen Zusatzstoffe verwendet werden und alles hausgemacht ist, versteht sich von selbst. Bei der Auswahl des Weines sollte man am besten den Empfehlungen der jungen Wirtin folgen. Ausschließlich deutsche Weine aus biologischem Anbau hat sie im Angebot. Besonders gerne empfiehlt sie die Weine vom Weingut Pflüger in Bad Dürkheim in der Pfalz. Der Chardonnay von dort wurde mit der silbernen Kammerpreismünze ausgezeichnet, einer Anerkennung für hervorragende Weine aus der Rheinlandpfalz.
Wer mag, kann den Genuss von einer der leckeren Torten mit einer der vielen vom Heimatverein organisierten Veranstaltungen verbinden. Nach einem Besuch des Kartoffelblütenfestes im Juli schmeckt der Kaffee mit Kuchen doppelt gut. Oder darf es ein stilvolles Abendessen nach einer Herbstwanderung mit Kollegen im September sein? In „Stöckmann's Weincafé" klingen schöne Tage gemütlich und stilvoll aus.

Carolas Nusswundertaler

Zutaten
100 g Haselnüsse
150 g Mehl
1 Päckchen Bourbon-Vanillinzucker
70 g Zucker
100 g Butter
50 g Quittengelee
200 g Marzipan
100 g geschälte Mandeln
25 g Pistazien
200 g Zartbitterkuvertüre
200 g Walnusshälften
Puderzucker

Zubereitung
Haselnüsse, Mehl, Vanillinzucker, Zucker und Butter in eine Schüssel geben und zu einem glatten Teig verkneten. Diesen 15 Minuten im Kühlschrank ruhen lassen und anschließend fünf Zentimeter dick ausrollen. Mit einer runden (circa vier Zentimeter im Durchmesser) Stechform ausstechen. Bei 175 °C etwa zehn Minuten im Backofen goldgelb backen.
Das Quittengelee in der Mikrowelle erwärmen und die abgekühlten Taler damit bestreichen.
Das Marzipan in eine Schüssel geben und etwas erwärmen. Mandeln dazu geben und zu einer homogenen Masse verkneten. Auf Puderzucker circa vier Zentimeter dick ausrollen und mit einer minimal kleineren Stechform als die vorige ausstechen. Die Kekse mit dem Ausgestochenen belegen.
Je Taler circa fünf gehackte Pistazienstücke in die Marzipanschicht drücken.
Die Kuvertüre schmelzen lassen. Die Kekse kopfüber in die Kuvertüre tauchen, sodass die Marzipanschicht nicht mehr sichtbar ist. Zum Schluss jeden Taler mit einer Walnusshälfte belegen.

VERDEN UND UMGEBUNG

Verden ist eine Reiterstadt und zwar eine international anerkannte. Regelmäßig finden Pferdeauktionen, Pferderennen und Ausstellungen zum Thema Pferd und Reiter statt. Auch das Gestüt, das die bekannte Springreiterin Meredith Michaels-Beerbaum von ihrem inzwischen verstorbenen Kollegen Gert Wiltfang kaufte, liegt in der Nähe Verdens, in Thedinghausen. Sie scheint sich wohl zu fühlen in dieser pferdenärrischen Gegend. Das verwundert nicht, denn in dieser landwirtschaftlich geprägten Region stört keine Industrie, die Reitwege sind dagegen gut ausgebaut. Andererseits garantiert die Nähe zur schnell erreichbaren Hansestadt Bremen ein hohes kulturelles Niveau.

Aber der Landkreis Verden hat noch sehr viel mehr zu bieten. Da ist zum Beispiel der Dom. Ja, auch eine Stadt mit nur knapp 30 000 Einwohnern kann einen Dom ihr eigen nennen. Gotisch ist er und ein Wahrzeichen der Stadt. Mitten in der malerischen Altstadt verleiht er dem Ort Format. Bedeutung erlangt er durch sein barockes Portal auf der Marktseite und den vermutlich ältesten Hallenumgangschor in einer deutschen Kirche.
Auch das Feiern kommt in dieser Region nicht zu kurz. Drei Wochen vor Ostern werden in Verden alljährlich Brot und Heringe an Arme verteilt. Latäre-Spenden nennen die Verdener das Spektakel, weil es immer am Montag nach dem dritten Sonntag vor Ostern – Latäre –

stattfindet. Mögen es heutzutage auch nicht mehr unbedingt die Armen der Stadt sein, die sich dazu einfinden, so ist es dennoch ein großer Spaß für Alt und Jung.
Damit der Hering besser rutscht, muss dazu natürlich ein gehörig Maß an Bier getrunken werden. Das allerdings gibt es nicht auf Staatskosten. Aber die vielen Kneipen in der Altstadt werden schon für reichlich Nachschub sorgen.
Klaus Störtebeker, der berühmt-berüchtigte Seeräuber, verfügte die Armenspeisung angeblich kurz vor seiner Hinrichtung in Hamburg im Jahre 1401. Ein als Störtebeker verkleideter Bürger der Stadt überbringt die Heringe heute auf dem Verdener Marktplatz

den Bürgern. Im Gefolge hat er all seine Mitstreiter, auch sie in mittelalterlicher Verkleidung. Nach einer musikalischen Einleitung verteilt Störtebeker 530 Schwarzbrote und 1600 Salzheringe unter das Volk. Nicht mehr, aber auch nicht weniger! Honoratioren der Stadt Verden und anderer Orte wie Bremen und Hannover sind anwesend und sammeln Spenden, die an karitative Einrichtungen vergeben werden. So bekommt das Fest auch in unserer Zeit noch einen realen Sinn.
Ob der als äußerst trinkfest geltende Klaus Störtebeker aus der Gegend um Verden stammte oder aus dem Kreis Wismar, wird vielleicht nie geklärt werden, sicher ist aber, dass er es als seine Aufgabe ansah, gegen die „hanseatischen Pfeffersäcke" anzutreten. Mit dieser despektierlichen Bezeichnung sind die reichen Kaufleute der Hansestädte gemeint. Nun braucht gottlob heute keiner mehr gegen Pfeffersäcke anzutreten, denen es zu ihrem Leidwesen heutzutage oftmals auch nicht besser geht als dem gemeinen Volk. Der Brauch der Latäre-Spende aber ist geblieben.
Nicht weit entfernt von Verden liegt „Dat Groode Hus", im kleinen, aber hübschen Winsen. Verbunden werden die Orte durch die Aller, die sich gemächlich durch die Heide schlängelt und zu Kanufahrten einlädt. „Dat Groode Hus" ist ein Museumshof und zugleich ein Kulturzentrum, das weit über die Grenzen der Region hinaus bekannt ist. Der originalgetreue Aufbau des Hauses

dauerte drei Jahre. Ausstellungen, Vorträge, Konzerte and anderes locken zahlreiche Besucher an und machen das Haus zu einem Mittelpunkt des Gemeindelebens.
Ein anderer malerischer Ort in der Nähe Verdens ist Waffensen. Im Dorf gibt es bis heute noch zehn landwirtschaftliche Vollerwerbsbetriebe. Eine stattliche Zahl bei nur etwas über 900 Einwohnern. In den Hofläden der Höfe kaufen nicht nur die Dorfbewohner, sondern auch Kenner aus Bremen und Verden, die wohl auch wegen der öfter mal stattfindenden Hoffeste den Weg hierher finden. Ein Ausflug in die Orte an der Aller lohnt aber immer.

AUENLAND AM RATHAUS

Auenland am Rathaus

Große Straße 46
27283 Verden

Telefon 0 42 31 / 95 65 50
Telefax 0 42 31 / 95 65 50
www.auenland-am-rathaus.de

Mitten in der malerischen Altstadt liegt das Auenland. Nicht das aus dem Reich des „Herrn der Ringe", aber eines, in dem es sich genussvoll und mit Muße schlemmen lässt. In dem modernen, schicken Ambiente des Nicht-Raucher-Restaurants mit den großflächigen, ganz in Grün gehaltenen, Szenen aus dem Auenland darstellenden Malereien an den Wänden, lässt sich die Hektik des Alltags gut vergessen. Genau das hat Gabriele Glasenapp, die schöne Besitzerin der Speisestätte, auch beabsichtigt: sich mal wieder Zeit nehmen, sich auf das Wesentliche besinnen, den Empfindungen nachspüren, die eigene Mitte finden, auch in den vermeintlich kleinen Dingen des Lebens. „Natur pur" ist das Credo des Hauses, so genannte „Convenience-Produkte", wie das Tiefkühl-Rösti aus der Friteuse oder die Creme Caramel aus der Tüte, sucht der Gast hier vergebens. Eine Bio-Karte mit den Produkten regionaler Landwirte rundet das Angebot ab. Gesund soll es sein, vollwertig, raffiniert und vor allem lecker – darauf legt

die ausgebildete Ernährungsberaterin, die in ihrem Restaurant selbst in der Küche steht, besonderen Wert.
Frisch gepresste Säfte zum Aperitif öffnen den Magen und die Sinne, wie zum Beispiel die Rote Zora. Das ist ein Saft-Cocktail von Roter Beete, Erdbeeren, Karotten und Orangen, gesüßt mit etwas Heidehonig. Wer's lieber alkoholisch mag, lässt sich verwöhnen mit einem Original Bellini: eisgekühltes Püree vom weißen Pfirsich, aufgeschäumt mit Prosecco. Die umfangreiche Bio-Weinkarte mit einem ausgesuchten Angebot deutscher, französischer, italienischer und spanischer Winzer lässt das Herz jedes Weinkenners höher schlagen. Doch auch ein frisch gezapftes Bier vom Fass steht für den durstigen Gast bereit. Wer die Speisekarte studiert, findet neben dem Auenländischen Riesenschnitzel und den legendären hausgemachten Frikadellen auch das in frischen Kräutern marinierte Lammfilet und den gratinierten Ziegenkäse vom regionalen Züchter im Wildkräutersalat.
Die vegetarische Auswahl jedoch ist das Kleinod des Hauses. Da stehen im stetigen Wechsel mit den Jahreszeiten klangvolle Kompositionen wie Topinambur-Schaumsüppchen, gefüllte Mangoldröllchen im Schnittlauch-Rahmsößchen, ausgebackene Schwarzwurzeln in der Käsekruste, Mairübchen in Kerbelrahm, Zucchini-Ragout mit sonnengereiften Tomaten an von Hand geschabten Dinkel-Spätzle im Tages-Angebot. Groß ist die Qual der Wahl bei so viel neuen, interessanten und längst vergessenen Gemüsen, Kräutern und Genüssen, die es wieder zu entdecken gilt. Und so ist es kein Wunder, dass der große vegetarische Probierteller – bei Stammgästen auch als Vorspeise für 2–4 Personen sehr beliebt – das meistverkaufte Gericht auf der Speisekarte ist! Der Verzehr dieser Köstlichkeiten erfordert Zeit und Muße; und die soll sich hier jeder Gast nehmen. Sich vom aufmerksamen Service verwöhnen und beraten lassen und in Ruhe genießen, was Gabriele Glasenapp mit ihrem talentierten Jungkoch Benjamin in der Küche zaubert.
Regelmäßig werden für Interessierte Kochkurse zu Themen der vegetarischen Vollwert-Küche angeboten. Dann führt die bei Sterne- und Fernsehkoch Erich Häusler geschulte Köchin durch ein Reich der Sinne, das vielen bisher unbekannt war.
Im Sommer mag der Blick, wenn das Glockenspiel des Rathauses zur vollen Stunde sein Lied erklingen lässt, nach draußen schweifen und in den „essbaren Gärten“ vor dem Fenster hängen bleiben, die die große Außenterrasse mit ihren rankenden Blüten und Kräutern einrahmen. Alles, was in den schönen Kübeln des zum Hause gehörenden Straßencafés wächst, blüht und duftet, ist essbar. Manchmal hat man nur vergessen, was die Natur uns alles beschert hat.

Parkhotel

Bremer Straße 48
27283 Verden

Telefon 0 42 31 / 76 50
Telefax 0 42 31 / 7 65 45
www.parkhotel-verden.de

Die wohl schönste Theke Verdens steht in der Jägerstube des „Parkhotels". Die mit feinsten Schnitzereien aus dem Leben der Jäger reich verzierte Theke aus dunklem Holz macht sich gut unter der Decke aus dem gleichen dunklen Holz. An den Wänden sind Geweihe zu bewundern. Wer mag dieses Wild einst erlegt haben? Es ist lange her. Schon Ende des 19. Jahrhunderts wurde die Konzession für den Schankbetrieb erteilt. Der jetzige Besitzer, Christian Haag, hat das „Parkhotel" vor etwas über zehn Jahren übernommen. „So ein traditionsreiches Haus nahe der Innenstadt wollte ich einfach erhalten", erklärt er seine Entscheidung. Heute gibt es neben dem altehrwürdigen Restaurant einen großen Saal für Tagungen und Seminare und ein Drei-Sterne-Superior-Hotel mit 76 Betten und einem Frühstücksraum mit Blick ins Grüne und einer lauschigen Terrasse.
Zusammen mit seiner Lebensgefährtin, Christiane Bodner, führt der 38-Jährige das Haus. Zwar ist er selbst gelernter Koch, aber er sieht sich mehr als „Feuerwehr in allen Gassen", was nichts anderes meint, als dass

er sich um alles selber kümmert und stets ansprechbar ist. Er kommt aus einer alten Hoteliersfamilie Verdens und kennt es nicht anders. Christiane Bodner kümmert sich derweil um den Service, das Marketing und die Rezeption.

Für die Küche hat Haag sich Verstärkung geholt. Der erfahrene Harald Reetz hat sein Handwerk von der Pike auf gelernt, war unter anderem in Frankreich und hat von dort die klassische Nouvelle Cuisine mitgebracht. „Die Ansprüche an eine gute Küche haben sich in den letzten zehn Jahren rasant verändert“, sagt Christian Haag und lobt seinen Küchenchef, weil der es versteht, immer auf dem neuesten Stand zu sein. Die mit Shrimps, Porree, Tomaten und Champignons gefüllte Scholle mit Sauce Hollandaise überbacken spricht für sich. Neben regionalen Spezialitäten wird aber auch ein preiswerter Mittagstisch angeboten. Stammgäste wissen das zu schätzen.

Großer Beliebtheit erfreuen sich auch die Fischwochen. „Neptun zu Gast beim Jäger“ hat Christian Haag sie genannt. Fast jeden Monat steht eine andere Aktion auf seinem Programm. Klassiker wie Spargelessen fehlen dabei natürlich nicht. Dazu kredenzt er einen edlen Tropfen von der umfangreichen Weinkarte.

Auch ein Verein hat sein Quartier im „Parkhotel“ aufgeschlagen. Es sind die „Schlaraffen“, die im Obergeschoss einen eigenen Raum haben. Sie haben sich dem Frohsinn verpflichtet und dürfen weder über Politik noch über ihre Arbeit reden. Besucher sind im urigen Vereinsraum immer willkommen. Danach schmeckt ein leckeres Bier vom Fass, bevor der Gast sich ins komfortable Hotelzimmer zurückzieht.

Spargel-Ratatouille mit Kerbelhollandaise auf Basilikum-Spaghetti

Zutaten

1 kg Stangenspargel
500 g Grüner Spargel
1 Zucchini
330 g geputzter Broccoli
500 g Tomaten
1 Bund Basilikum
1 Bund Kerbel
1 kg Spaghetti
Olivenöl zum Braten
Salz
Pfeffer
etwas Zucker
Sauce Hollandaise

Zubereitung

Den Spargel schälen und in vier Zentimeter lange Stücke schneiden, Zucchini in Rauten schneiden, den geputzten Broccoli circa drei Minuten abkochen und mit Salz, Pfeffer und Zucker abschmecken. Die Tomaten kurz mit kochendem Wasser überbrühen und abziehen, dann entkernen und in Würfel schneiden, sodann Basilikum und Kerbel fein schneiden. Wer eine Sauce Hollandaise selber aufschlagen kann, sollte dies tun. Alternativ eine fertige Hollandaise aus dem Supermarkt kaufen.

Die Spaghetti in Salzwasser bissfest kochen. Den Spargel in Olivenöl anbraten, die Zucchini und den Broccoli dazugeben und circa drei bis vier Minuten bei kleiner Flamme bissfest garen, dann die Tomaten unterheben. Die Spaghetti mit dem Basilikum mischen und abschmecken.

Die Sauce Hollandaise mit dem Kerbel mischen. Dann die Spaghetti auf den vorgewärmten Tellern anrichten, das Ratatouille auf die Spaghetti geben und die Kerbel-Hollandaise darüber verteilen. Mit Kerbelzweigen garnieren.

HOTEL-PENSION ALLERHOF

Hotel-Pension Allerhof

Lindenallee 4
27336 Frankenfeld/Bosse

Telefon 0 51 65 / 5 67
Telefax 0 51 65 / 12 22
www.hotel-allerhof.de

„Unterwegs und doch zuhause", sollen sich die Gäste des „Allerhofs" fühlen. Der in eine parkähnliche Gartenanlage gebettete ehemalige Hof ist seit über hundert Jahren in Familienbesitz. Vor gut fünfzig Jahren beschloss Sophie Römer, die sehr engagierte Großmutter der heutigen Inhaberin, Kerstin Rodewald, von der Landwirtschaft auf die Gastronomie umzusatteln. Eine kluge Entscheidung, wie sich später zeigte. Heinrich Rodewald und seine Frau Christa übernahmen den direkt an der Aller gelegenen Gastronomiebetrieb von seiner Mutter Sophie und führen ihn heute zusammen mit der Tochter. Die von Großmutter Sophie zusammengetragenen wunderschönen alten Möbel und der so reich verzierte Kachelofen von 1894 sind erhalten geblieben. Die 24 Zimmer allerdings sind frisch renoviert und entbehren keines Komforts.

Die gelernte Hotelfachfrau und Betriebswirtin Kerstin Rodewald ging nach dem Studium an der Hotelfachschule in Heidelberg zunächst einmal etliche Jahre ins Ausland, nach England und auch nach Amerika. Aber gerne kam sie zurück und übernahm den elterlichen Betrieb, auch weil es immer ihr Wunsch war, einmal etwas Eigenes zu haben. Hier kann sie kreativ Veranstaltungen organisieren, Kultur in die Natur bringen – so ihre Devise.

In der Küche steht der erfahrene Joachim Blanck. Grünkohl, Spargel, Pfifferlinge und Wild serviert er seinen Gästen. Berühmt

ist er für seine Hähnchenbrust in Schoko-Chilli-Soße mit Reis und Salat. Im Winter besonders zu empfehlen ist das Gänseessen am lodernden Feuer im Kachelofen. Selbstgebackenes wie die Buchweizentorte oder die Mohn-Marzipantorte runden das Programm ab, dazu einen leckeren Cappuccino oder Latte Macchiato oder eine der anderen Kaffeeköstlichkeiten. Radfahrer und Kanufahrer verbringen gerne eine erholsame Pause im großen idyllischen Garten mit den vielen Rosen. Ein Steg für Wasserwanderer ist direkt vor dem Haus. Geschäftsreisende mögen im Winter wohl auch im gemütlichen roten Salon verweilen, so benannt nach dem üppigen gleichfarbigen Sofa, das dort steht. Zu allen Jahreszeiten aber locken die zahlreichen kulturellen Veranstaltungen im „Allerhof". Sei es das „kleine Sommernachtsfest" im Juli mit einem Soul-Sänger aus dem nahen Bremen oder die regelmäßig stattfindenden Künstlertage im September. Über 30 Kunsthandwerker zeigen ihre Arbeiten. Besonders die Kabarettveranstaltungen erfreuen sich stets großer Beliebtheit. An den Wänden hängen Bilder verschiedener Künstler, die die Räume als Ausstellungsmöglichkeit nutzen.
Egal, was den Gast in den „Allerhof" führt – jeder wird herzlich aufgenommen und spürt die warme familiäre Atmosphäre. Das alles lässt sich übrigens auch als Gutschein an gute Freunde verschenken.

Wildschweinbraten mit Holundersoße, Butterbohnen und Kartoffelkroketten

Zutaten

1 kg Wildschweinkeule

Aus den folgenden Zutaten eine Marinade erstellen und das Fleisch ca. 2 Tage darin einlegen:
1 Gemüsezwiebel
2 Möhren
100 g Sellerie
1 Knoblauchzehe
1/2 l Rotwein
3 Lorbeerblätter
ca. 20 Wacholderbeeren
5 Nelken
ca. 10 Pimentkörner
(Gewürzmischung: Salz, Pfeffer schwarz und weiß, Paprika edelsüß)

100 g Öl
ca. 300 g Waldpilze
ca. 50 g Tomatenmark
ca. 200 g Holundergelee
0,75 l Bratenfond
Soßenbinder

Zubereitung

Das Fleisch gut abtropfen lassen und mit der Gewürzmischung einreiben, in Öl von allen Seiten scharf anbraten. Das Fleisch aus dem Bräter nehmen und das Gemüse aus der Marinade im Bräter leicht anbraten. Das Tomatenmark hinzufügen und gut bräunen lassen. Mit dem Bratenfond und etwas Marinade auffüllen. Das Fleisch darin ca. zwei bis zweieinhalb Stunden bei 135 °C im Backofen braten und von Zeit zu Zeit mit der restlichen Marinade übergießen. Waldpilze anschwitzen und zu der durchgesiebten Soße geben. Das Holundergelee hinzugeben und die Soße leicht abbinden.

SPARGELGUT MEYER

Spargelgut Meyer

Sattelhof 8
29693 Kirchwahlingen

Telefon 0 51 65 / 14 43
Telefax 0 51 65 / 12 97
www.spargelgut-meyer.de

Schon die alten Ägypter kannten und schätzten den Asparagus, die gemeinhin als Spargel bekannte Pflanze, ebenso die Griechen und Römer. Letztere brachten das edle Gemüse in die Regionen nördlich der Alpen. Allerdings geriet es schon bald wieder in Vergessenheit. Erst im 16. Jahrhundert wird der Spargel als teure Delikatesse der Adeligen wieder bekannt. Aus feinstem Porzellan wurden eigens für dieses Gemüse reservierte Kleinode angefertigt. Bis in unsere Tage ist der Spargel zwischen März und Juni von unseren Speisekarten nicht mehr wegzudenken, wenn er gottlob inzwischen auch von jedermann bezahlt werden kann. Ganz besonders guter Spargel wird auf dem „Spargelgut Meyer“ produziert. Das Ehepaar Elke und Heiner Meyer führt das Gut seit Ende der 1980er Jahre. Heiner Meyer hat sich auf den Anbau von Bleichspargel spezialisiert. Die weiße Gattung des Gemüses wird im Norden eher nachgefragt als die grüne. Die Meyers stellen sich ganz auf die Wünsche ihrer Kunden ein.

Spargel braucht Wärme und trockenen, sandigen Boden, liegt sein Ursprung doch in Südeuropa, Algerien und Vorderasien. Die Heide allerdings liefert ebenfalls die idealen Voraussetzungen, wenn Folien die Felder überdecken. Damit wird der Spargel nicht nur vor Sonnenlicht geschützt, sondern auch eine gewisse Wärme garantiert. Die Pflanze gehört zu den extrem lichtempfindlichen Gewächsen. Gönnt man den jungen Pflanzen etwas mehr Sonne, so nehmen sie eine violette Farbe an. Dieser Spargel ist besonders herzhaft. Wird er aber auch nur einen Tag über der Zeit geerntet, so bekommt er die bekannte grüne Farbe. Pro Tag kann der Spargel bis zu sieben Zentimeter wachsen. Die Ernte ist mühsam, einzeln werden die Stangen aus dem Boden gestochen. Mit den Fingern gräbt der Erntearbeiter die Erde auf und ertastet den richtigen Punkt zum Abtrennen.

Auf dem „Spargelgut Meyer“ wird nach der Ernte sortenrein sortiert, wie Heiner Meyer berichtet. Das zu überwachen gehört unter anderem zu seinem Aufgabenbereich. Je nach Größe und Güte unterscheidet er in 28 Sorten. Wer bei den Meyers ein Kilo Spargel kauft, der kann sicher sein, ein Kilo von ein und derselben Sorte im Korb zu haben. Um das immer gewährleisten zu können, hat Heiner Meyer eine vollautomatische Sortiermaschine angeschafft, die die Spargelstangen in 28 verschiedene Kategorien innerhalb einer Partie aufteilt. Unterschieden wird dabei unter anderem nach der Dicke, Krümmung und Farbe der Stangen.

Übrigens, nur wenn gleiche Sorten verwendet werden, werden bei der Zubereitung alle Spargelstangen auch wirklich zur selben Zeit gar.

Zudem garantiert eine Maschine, die den Spargel schält, eine hygienisch einwandfreie Aufbereitung. Nicht wie üblich längs wird der Spargel geschält, sondern quer zur Stande gefräst. Das stellt sicher, dass keine störenden langen Fasern hängen bleiben und den Geschmack beeinträchtigen. Pro Stunde werden eineinhalb Tonnen Spargel verarbeitet. „Dem Verbraucher muss man

schließlich etwas bieten“, meint Heiner Meyer. So ist es für ihn auch selbstverständlich, den frisch geernteten Spargel mit einem Kühlwagen vom Feld zu holen. „Schließlich soll er nicht unnötig der Hitze und Sonne ausgesetzt werden“, erklärt er. Überhaupt wird auf dem „Spargelgut Meyer“ die gesamte Kühlkette elektronisch überwacht. Auf Qualität wird sehr viel Wert gelegt. So lässt Heiner Meyer auf den Feldern lediglich sechs Jahre lang Spargel anbauen. Üblich sind durchaus zehn. Danach läuft der Spargel Gefahr, holzig oder bitter zu werden. Dann muss die Erde sich regenerieren und etwas anderes wird dort gepflanzt. Bei den Meyers zum Beispiel Kürbisse oder Sommerblumen. Beides steht natürlich auch zum Verkauf bereit und erfreut sich gerade bei Stammkunden großer Beliebtheit. Diese Form der Bewirtschaftung braucht sehr viel Land. Meyers bauen Spargel inzwischen in einem Umkreis von 30 Kilometern an.

Die Güte des Meyerschen Spargels hat sich herumgesprochen. Deutschlandweit beliefern sie Restaurantketten, den Großhandel und Fluggesellschaften, sogar deutsche Clubs im Ausland gehören zu ihren Kunden. Anruf genügt und der Auftrag wird ausgeführt. Aber auch Hausfrauen aus der nahen und ferneren Umgebung kaufen bei Elke und Heiner Meyer. Der Hofladen bietet neben ganz frischem Spargel auch alles, was sonst noch zu einem guten Spargelessen dazugehört: Schinken, Sauce Hollandaise, Wein, Kartoffeln und sogar praktische Spargelmesser. Auch die Eltern von Elke Meyer verkaufen den Spargel vom „Spargelgut Meyer" in Kutenholz in der Nähe von Stade. Wer den „Frischetest" macht, wird sicher nicht enttäuscht werden. Frisch geschälter Spargel muss süß wie Erbsenschale schmecken. „Spargel ist ja nicht nur lecker, sondern obendrein auch sehr gesund", erklärt Elke Meyer ihre Vorliebe für das zarte Gemüse. Wertvolle Inhaltsstoffe wie Proteine und Kalium machen den Spargel so begehrenswert.
Wenn das köstliche Gemüse auch nur im Frühjahr zu haben ist, so muss der Spargel-

bauer auch in den restlichen Monaten des Jahres arbeiten. Die Felder müssen wieder für die nächste Saat hergerichtet und auf die neue Bepflanzung vorbereitet werden. Unkraut darf sich dort nicht breit machen. Der Kontakt zu den Kunden muss gehalten, die Mitarbeiter für das kommende Jahr bestellt werden und nicht zuletzt müssen die Maschinen gewartet werden. Viel Zeit bleibt da nicht übrig. „Die wenigen Momente, die für uns bleiben, verbringen wir miteinander in der Familie", sagt Elke Meyer.
Um die Kultur des Spargelessens noch weiter zu verbreiten und um zu zeigen, welchen Aufwandes es bedarf, um das edle Gemüse auf den Tisch zu bringen, sind Betriebsbesichtigungen auf dem Gut jederzeit möglich. Zudem veranstalten die Meyers für Gruppen „Lehrgänge" rund um den Spargel. Da darf dann auch mal selber Spargel gestochen werden. So manch einem mag danach der Rücken arg geschmerzt haben. Bei einem guten Glas Wein ist das aber schnell wieder vergessen.

Auch die fachgerechte Zubereitung kann auf dem Hof erlernt werden. Spargel als Rohkost im Salat oder gebraten mit Garnelen – unter Anleitung eines Sternekochs werden Rezepte, gute Tipps und so manches Geheimnis preisgegeben. Eine ideale Veranstaltung für Firmen, die Mitarbeitern oder guten Geschäftsfreunden einmal etwas ganz Besonderes bieten wollen.
Aber nicht nur Sterneköche können Spargel zubereiten. „Es ist so schade, dass viele Hausfrauen glauben, Spargel sei so kompliziert zuzubereiten", bedauert Elke Meyer, „dabei reicht es, frischen Spargel mit ein wenig Öl, Salz und einer Prise Zucker in kochendem Wasser circa 20 Minuten zu kochen, dazu Sauce Hollandaise, etwas Schinken und junge, ganz kleine Kartoffeln aus der Heide, schon ist ein perfektes Essen fertig." Als ausgebildete Wirtschafterin weiß die 40-Jährige wovon sie spricht. Natürlich steht Spargel in allen erdenklichen Variationen auch bei Elke und Heiner Meyer oft auf der Speisekarte.

Rustikales Spargelbrot

Zutaten

12–16 dicke geschälte Stangen weißen Spargel
1 Ei
Paniermehl
Butter
4 Scheiben Schwarzbrot
4 Scheiben kräftigen geräucherten Schinken
Schnittlauch
eventuell Sauce Hollandaise

Zubereitung

Den Spargel kurz in Salzwasser aufkochen, circa zwei Minuten ziehen lassen, abgießen und gut abtropfen lassen. Dann den Spargel wie ein Schnitzel in Ei und Paniermehl wenden. Die panierten Stangen Spargel vorsichtig in einer Pfanne mit Butter braten. Die Scheiben Schwarzbrot mit Schinken und Spargel belegen, Schnittlauch darüberstreuen und nach Belieben Sauce Hollandaise dazu reichen.
Wer es etwas edler mag, der kann den Schinken durch Rührei mit Krabben ersetzen.

ERIKA UND WACHOLDER

Im September zieht die Heide ihr schönstes Kleid an. Weiß, rosa bis dunkelviolett blüht das Heidekraut, im Volksmund auch Erika genannt. An karge Böden gewöhnt, ist die Wildpflanze in fast ganz Europa zuhause. Die Calluna, so die lateinische Bezeichnung des Heidekrauts, versteht sich gut mit dem Wacholder, der ebenfalls in der Heide ansässig ist. Zwischen den weiten Flächen der höchstens 80 Zentimeter hohen Heide ragt immer wieder der immergrüne Wacholder auf. Beide zusammen bestimmen das typische Bild der Heidelandschaft.

Auch wenn vom Heidekraut gesprochen wird, so muss doch zugegeben werden, dass so manche Art der flachwüchsigen Erika, im biologisch reinen Sinne, nicht unbedingt der Gattung zuzurechnen ist. Aber wer mag angesichts des unvergleichlichen Farbspiels zur Herbstzeit in der Heide schon so korrekt sein?

Die kleinen glockenartigen Blüten der Erika haben sich inzwischen auch auf so manchem Balkon als hübscher Herbstschmuck breit gemacht – und das nicht nur in der Heide.

Dem Wacholder verdanken wir, dass Wildgerichte oder Schnäpse, wie zum Beispiel Gin, den typisch aromatischen Geschmack bekommen. Aber auch zum Räuchern eignen sich die Beeren. Als Tee fördert er die Verdauung und ist gut gegen Sodbrennen.

Die Erika ist uns Menschen ebenso nützlich. Wer von Durchfall oder Nierensteinen geplagt ist, wird die wohltuende Wirkung eines

aus den Blüten zubereiteten Tees zu schätzen wissen. Auch bei Husten und Bronchitis hat sich der Tee als schleimlösend erwiesen. Die Erika wird zu unser aller Freude und Genuss gerne von Bienen angeflogen. Der rötlich braune oder dunkelgelbe Heidehonig mit dem fein-herben Aroma ist einfach lecker!
Ein besonders schönes Zusammenspiel von Wacholder und Heide ist in der Region um Uelzen zu bewundern. Sanft schlängelnd findet lila Heide ihren Weg zwischen ungewöhnlich üppigem und hoch aufragendem Wacholderbestand. Aber nicht nur hier lohnt eine beschauliche Kutschfahrt durch die unvergleichliche Kulturlandschaft der Heide.

BIOLAND-HOF BÖSE-HARTJE

Bioland-Hof Böse-Hartje

Große Eißel 26
27321 Thedinghausen

Telefon 0 42 04 / 68 91 11
Telefax 0 42 04 / 68 95 57
www.biohof-boese-hartje.de

Dort, wo der Boden besonders gut ist, am Rande der Wesermarsch, liegt der „Bioland-Hof Böse-Hartje". Hier wächst das Gras für die Kühe der Böse-Hartjes. Die Familie hat den Betriebsschwerpunkt auf die Rindviehhaltung gelegt. Die Milchviehherde umfasst 55 Kühe und ihre Nachzucht. Bereits seit 1989 ist der Betrieb umgestellt und wird nach Bioland-Richtlinien ökologisch bewirtschaftet.
Fast 100 Hektar Land dienen als Acker und Grünlandflächen. Sie werden als Weide für die Kühe und zum Anbau von Futterpflanzen wie Gras, Klee, Ackerbohnen, Lupinen und Futtergetreide genutzt. Ergänzende Futterkomponenten, wie zum Beispiel Mineralfutter, werden von anderen, anerkannt ökologisch wirtschaftenden Betrieben, zugekauft. Doch zuvorderst gilt das Prinzip: Zukäufe vermeiden, Futter selbst herstellen. Bio-Betriebe haben fast geschlossene Futter- und Düngkreisläufe.
Die schwarzbunten Kühe geben eine Menge Milch, 7 000 Liter pro Kuh und Jahr ist auch auf einem Bio-Hof viel. Die Familie Böse-Hartje ist stolz auf den hohen Altersdurchschnitt ihrer Kuhherde und auf die durchschnittliche Lebensleistung an Milch.
Die Weideochsen werden nach drei Jahren geschlachtet. Das Fleisch dieser Tiere braucht so lange, um zu erstklassiger Qualität zu reifen. Böse-Hartjes lassen die Weideochsen im Sommer direkt an der Weser laufen, und holen sie erst zum Winterbeginn

wieder in den Stall. Es werden keine Tiere zugekauft.
Der Vermarktungsschwerpunkt liegt in der Molkereibelieferung in Zusammenarbeit mit der „Bio-Molkerei Söbbeke". In der hofeigenen Käserei wird nur ein kleiner Teil der Milch direkt zu Käse und Quark verarbeitet, dafür aber umso hochwertiger: Schnittkäse aus nativer Milch und der vielseitige „Fetarella", eine Komposition aus den Merkmalen von Feta und Mozzarella.
Im Hofladen gibt es an den extra dafür eingerichteten Verkaufstagen frisches Rindfleisch vom Weideochsen, Rindfleisch in LEH- und GV-Gebinden, das heißt, es ist vakuumiert, etikettiert und signiert.
An den restlichen Wochenenden ist es aber auch gefroren zu kaufen. Die Wurstprodukte zeichnen sich alle durch relative Fettarmut aus. Sie sind eine gute und kräftige Auflage für Frühstück, Vesper und Abendbrot. Aber auch der Käse ist hier zu erstehen: der Frischkäse natur oder der Frischkäse mit verschiedenen Zutaten. Und natürlich der Feterella.
Böse-Hartjes bieten im Sommer Schulklassen interaktives Lernen auf dem Bauernhof an. Kinder und Jugendliche können nach einem Besuch im Stall auch die Technik des Butterns spielend erlernen. Danach gibt es ein leckeres Büfett, nur mit selbst gemachten Produkten des täglichen Lebens.
Wer auf den Geschmack gekommen ist, kann die Produkte vom „Bioland-Hof Böse-Hartje" in Naturkostläden und Frische-Kontors erwerben oder auch einmal monatlich auf dem „Öko-Regio-Markt" direkt auf dem Hof.
Jeden zweiten Samstag im Monat findet dort ein Markttreiben mit Hofcafé und Stallbesuch statt.

Johannas Sauerbraten

Zutaten
1 kg Rinderschmorbraten
1/2 l trockener Rotwein
1/8 l Rotweinessig
1 Bund Suppengrün
2 Zwiebeln
einige Pfefferkörner
2 Lorbeerblätter
4 Wacholderbeeren
2 Pimentkörner
1 Prise Salz
30 g Schweineschmalz
1 Tomate
50 g Rosinen
100 g Pumpernickel

Zubereitung
Rotwein und Essig mischen. Suppengrün putzen, waschen und klein schneiden, Zwiebeln halbieren, zusammen mit den Pfefferkörnern, Lorbeerblättern, zerdrückten Wacholderbeeren und zerdrückten Pimentkörnern ins Essig-Wein-Gemisch geben. Schmorbraten hineinlegen (er muss ganz bedeckt sein) und zwei Tage an einem kühlen Platz aufbewahren. Am Tag der Zubereitung Fleisch herausnehmen, trocken tupfen und mit Salz einreiben. In einem Bräter Schweineschmalz erhitzen, Fleisch darin braun anbraten. Die Beize durch ein Sieb gießen, Gemüse und Gewürze aus dem Sieb zum Fleisch geben, ebenso die Tomate und Rosinen. Alles kräftig anbraten. In ganz kleinen Portionen die Beize nach und nach angießen und zugedeckt schmoren lassen. Nach 30 Minuten zerbröckelten Pumpernickel unter die Soße rühren. Das Fleisch dann noch weitere 1–1,5 Stunden im geschlossenen Topf leise schmoren lassen. Danach Fleisch herausnehmen und warm stellen. Die Soße durch ein Sieb gießen und das Gemüse so weit wie möglich durch das Sieb in die Soße streichen. Braten zum Servieren in Scheiben schneiden und die Soße getrennt dazu reichen.

LERCHENKRUG

Schon 1822 fand der „Lerchenkrug" nahe des romantischen Städtchens Rotenburg an der Wümme erstmalig Erwähnung in den Stadturkunden, denn Napoleon zog hier auf der Heerstraße entlang. Als Gaststätte und Herberge diente das Haus den Franzosen. Ein hauseigenes Wappen zeugt von dieser Zeit. Ein Hauch Frankreich weht bis heute durch die Räume des Restaurants.
1973 brannte das ursprüngliche Gebäude ab. Modern, aber ohne die Tradition zu verleugnen, wurde der „Lerchenkrug" in Anlehnung an das Original wieder aufgebaut. Erst in diesem Jahr übernahm der erst 28-jährige Nicolai Pallek den Betrieb, renovierte nochmals und schuf ein Haus für den gehobenen Anspruch.

Weniger wäre für den Küchenmeister, der bei dem Zwei-Sterne-Koch Hans-Stephan Steinheuer in Rheinland Pfalz gelernt hat, nicht in Frage gekommen. Bei der Jugendkochmeisterschaft im Rheinland wurde er Dritter und trat so ganz in die Fußstapfen seines Meisters.
Nicolai Pallek kochte schon als Zehnjähriger und bereits damals gerne für andere. „Kochen ist meine Passion", gesteht er und so nutzte er die Chance und griff zu, als das schöne Objekt nahe seines Elternhauses zum Angebot stand. Nachdem er Erfahrungen in London und Hamburg sammeln durfte, ging er gerne wieder zurück in die Heimat.
Der Küchenmeister nimmt bewährte Ideen und wandelt diese ab. So wird bei ihm aus

Lerchenkrug

Am Lerchenkrug 6
27356 Rotenburg-Waffensen

Telefon 0 42 68 / 3 43
Telefax 0 42 68 / 5 46
www.lerchenkrug.com

der weißen Creme im Tiramisu Eis und aus dem Kakao ein Chip aus Schokolade. „Ich mag Klassiker, aber verändere gerne deren Texturen“, bekennt er.
Der Tradition des vielfach ausgezeichneten Hauses fühlt er sich verbunden. „Hier steht man seit Generationen im Dienst des Gastes und so soll es auch bleiben“, meint er. In dem eleganten Ambiente serviert er unter anderem sein legendäres Chateaubriand. Das für zwei Personen ausreichende Doppelsteak wird am Tisch tranchiert und mit Beilagen vorgelegt. Im „Lerchenkrug“ wird eben noch der französische Service gepflegt. Die Speisen werden von Platten oder Schüsseln angeboten und der Gast bestimmt, wann er wie viel essen möchte. Restaurantleiter Jens Lönsmann hat im Hause gelernt und ist nach 12 Jahren zurückgekehrt, als Nicolai Pallek den Betrieb übernahm. Nun achtet er auf perfekten Service.
Die Weinkarte ist erlesen, neben jungen ausgezeichneten Weinen findet sich auch der ein oder andere Bordeaux darauf. Es versteht sich von selbst, dass Nicolai Pallek nur frische Produkte verwendet und weder Konservierungsstoffe noch Geschmacksverstärker in seiner Küche duldet.

Die Güte seiner Küche hat sich herumgesprochen. Aus Hamburg und Bremen kommen Gäste zu ihm, gerne auch Vertreter von Firmen, die ihren Geschäftspartnern einen besonderen Abend bescheren möchten. Ebenso richten etliche Familien ihre Feierlichkeiten im „Lerchenkrug“ aus. Aber auch junge Paare, die einen Abend lang nur genießen wollen, finden den Weg hierher. Nicolai Pallek möchte seinen Gästen Esskultur verkaufen. „Wer hierher kommt, soll ein paar schöne Stunden verleben und dabei auf höchstem Niveau speisen“, sagt er.

Karotten-Ingwersuppe mit Parmachips

Zutaten

altes Weißbrot, circa $1\,^1/_2$ Brötchen
4 Scheiben Parmaschinken
1 große Gemüsezwiebel
5 Karotten
2 El Butter
100 ml Weißwein
800 ml Geflügelbrühe
100 ml Milch
Salz, Zucker, weißer Pfeffer
rosa Sushi-Ingwer (nach Belieben)
Parmachips (nach Belieben)

Zubereitung

Das Weißbrot mit der Brotschneidemaschine in dünne Scheiben schneiden. (Es kann ruhig zerbrechen, da es nur dazu dient das Fett und die Feuchtigkeit aufzusaugen.) Die Scheiben Parmaschinken in je 4 Stücke teilen und mit dem Weißbrot in eine Pfanne geben, alles ohne Fett langsam unter Rühren anrösten. Wenn der Parmaschinken kross ist, alles auf einem Krepptuch auskühlen lassen.
Die Zwiebel und die Karotten getrennt klein schneiden. Die Butter in einen Topf geben und die Zwiebeln darin glasig dünsten. Danach die Karotten hinzugeben und mit Zucker und Salz würzen. Alles auf kleiner Flamme unter Rühren weiter dünsten bis die Karotten weich sind.
Mit Weißwein ablöschen und die Brühe hinzugeben. Einmal aufkochen lassen, die Milch hinzugeben und mit dem Mixer pürieren. Mit Pfeffer würzen, nochmals mit Salz und Pfeffer etwas nachschmecken.
Alles mit feinen Streifen vom Ingwer sowie den Parmachips servieren.

MERCURE HOTEL WALSRODE

Mercure Hotel Walsrode

Gottlieb-Daimler-Straße 11
29664 Walsrode

Telefon 0 51 61 / 60 70
Telefax 0 51 61 /60 74 44
www.mercurewalsrode.de

„Ich koche nicht, ich esse lieber", sagt Reimer Eisenberg, der Direktor des „Mercure Hotel Walsrode" und lacht dabei. Es wird viel gelacht in diesem Haus, Humor und Witz beherrschen die Stimmung. Das spüren auch die Gäste. „Hier geht es mal etwas lockerer zu", lobt ein Herr in mittleren Jahren und ist sicher froh, keine Krawatte in der Konferenz tragen zu müssen.

Fürs Kochen ist Mario Hetzel zuständig. Der allerdings kocht leidenschaftlich gerne und hat damit sein Hobby zum Beruf gemacht. Der gebürtige Schwabe versichert „ ... nicht nur Spätzle zuzubereiten". Aber er kocht nur, was auch ihm schmeckt. Das ist frisch und leicht. Nicht auf die traditionelle Küche der Heide hat er sein Augenmerk gerichtet. „Die Gäste unseres Hauses setzen gern moderne Akzente, auch in der Küche", erklärt Reimer Eisenberg. Der Küchenchef fügt ergänzend hinzu: „Wir verwenden viel frische Kräuter und raffiniere Gewürze." Dazu kann aus einer alle sechs Monate wechselnden Weinkarte ein edler Tropfen zum reellen Preis ausgesucht werden.

Dennoch gibt es traditionelle Essen wie im Frühjahr das Spargel- oder im Winter nach dem ersten Frost das zünftige Grünkohlessen. Alles mit der nötigen Portion Witz und Humor und immer dekorativ und phantasievoll angerichtet. Eben doch etwas anders. Modern und jugendlich frisch kommt denn auch das Ambiente daher, mit einem sehr aufmerksamen und freundlichen Service gepaart. Immerhin gehört das Haus mit den 77 Zimmern zu den besten am Platze. Das Haus belegt einen der vorderen Plätze auf einer Liste von weit über zweihundert Tagungshotels. Das lichtdurchflutete Entree und die komfortablen Zimmer sprechen dafür, auch die rund 1 000 Quadratmeter große Halle, die für Events fast jeder Art zur Verfügung steht. Neben Besuchern der vielen umliegenden Vergnügungsparks, gehören auch Seminar- und Tagungsgäste zum Kundenstamm des

verkehrsgünstig gelegenen Hauses. Drei Viertel der Gäste kommen immer wieder und auch bei der Prominenz aus den nahen Städten Hamburg und Bremen ist das Haus beliebt. Ob zum Vergnügen oder der Arbeit wegen, wer im „Mercure Hotel Walsrode“ Unterkunft findet, soll auch „gut essen“, sagt der Direktor und fügt hinzu, dass gutes Essen zu einem wirklich schönen Aufenthalt in einem Hotel dazugehöre.
Wer sich selbst als Koch versuchen will, ist in der Culinio-Kochschule des Hauses bestens aufgehoben. Dort regiert der pure Spaß und beim gemeinsamen Brutzeln am Herd löst sich Ärger und Stress in Bratenduft auf. So ganz nebenbei stellt sich dann jeder der Herausforderung, mal etwas Ungewöhnliches auf den Tisch zu bringen. Der Kurs ist für Gruppen am Wochenende oder als Betriebsfeier der besonderen Art zu buchen.

Nocken von der Rauchforelle

Zutaten
2 geräucherte Forellen
30 g Butter
1 kleine Zwiebel
20 g Frühlingslauch
20 g rote Paprika, gewürfelt
1/4 l trockener Weißwein
1 l kaltes Wasser
3 Blatt weiße Gelatine
Salz
Pfeffer
Frische Gartenkräuter, nach Belieben
Zitronensaft
0,3 l geschlagene Sahne
3 Butterrosetten
3 Scheiben frisches Baguette

Zubereitung
Die beiden geräucherten Forellen filetieren und die Forellengräten zu einem Fond ansetzen: Dazu die Butter in einem Topf zerlassen. Die Zwiebel, den Frühlingslauch und die Paprika klein hacken und in der Butter leicht andünsten. Die Fischgräten zugeben und weiter dünsten bis alles heiß ist. Dann mit Weißwein und kaltem Wasser ablöschen, frische Gartenkräuter nach Geschmack hinzufügen. Etwa 25 Minuten bei kleiner Hitze heiß ziehen lassen und danach passieren.
3 Forellenfilets mit dem leicht warmen Fischfond mit einem Handmixer mixen. Die Gelatine in die gemixte, warme Fischmasse einrühren. Mit Salz, Pfeffer und ein wenig Zitronensaft abschmecken. Das Mousse entweder über Nacht kalt stellen oder eine Stunde in den Gefrierschrank. Mit zwei Esslöffeln aus der Masse ein Mousseei ausstechen und auf den vorbereiteten kalten Teller drapieren.
3 Baguettescheiben mit Butterrosetten gegenüberliegend platzieren und den Teller mit Frühlingslauchröllchen leicht ausstreuen.
Ein Bouquet von Lavendel und Rosmarin runden das Bild ab.

Wer den historischen Niedersachsenhof betritt, spürt gleich, dass hier etwas anders ist. Gesine Wischmann baut Ginseng an. Auf der „FloraFarm“ ist es nach vielen mühevollen Versuchen gelungen, der asiatischen Heilpflanze ideale Wachstumsbedingungen zu schaffen. Das ist einmalig in Europa. Zwischen Mai und September führen Mitarbeiter interessierte Besucher kostenlos durch die Ginseng-Gärten – eine ebenso lohnende wie lehrreiche Stunde über die wirkungsvolle Pflanze aus Korea.

Gesine Wischmann baut den Ginseng jedoch nicht nur an, sondern vermarktet ihn auch. Alles, was sie aus der früher in Gold aufgewogenen Pflanze gewinnt oder produzieren lässt, ist im kleinen Hofladen oder über den Versand zu erwerben. Ein Blick auf das umfangreiche Sortiment lohnt allemal: Arzneien, die das allgemeine Wohlbefinden steigern, pflegende Kosmetik, aber auch ein guter Schnaps stehen im Regal.

Wem nach einer Erfrischung gelüstet, bestellt sich im hofeigenen Café ein leckeres „Ginseng-Gold“: naturbelassenes Ginsengbier, das in der Region gebraut wird. Aber auch Kaffee und hausgemachte Torten sind zu haben, besonders erwähnenswert: die Buchweizentorte.

Gerne nutzen auch Gruppen dieses Angebot, und lassen sich zum Beispiel die große Bratenplatte in gemütlicher Umgebung schmecken. Die Küche der „FloraFarm“ ist mit dem Qualitätszeichen „regionale Esskultur“ ausgezeichnet.

Wer auf den Geschmack des Ginsengs gekommen ist und seine positiven Wirkungen nicht mehr missen möchte, besucht die beiden großen Hoffeste auf der „FloraFarm“. An Christi Himmelfahrt lockt das traditionelle „Ginsengfest“ zahlreiche Besucher, in der Adventszeit ist es der stimmungsvolle Weihnachtsmarkt. Chöre singen, zahlreiche Kunsthandwerker stellen aus und die Kinder rodeln jauchzend den aufgetürmten Schneeberg hinab. Kulinarischer Höhepunkt dieses Festes sind die Bockhorner Gemüsepuffer – ein echter Genuss!

FloraFarm

Bockhorn 1
29664 Walsrode

Telefon 0 51 62 / 13 93
Telefax 0 51 62 / 29 39

Pension Langrehr

Sich mal ein paar Tage Wellness und Gesundheit gönnen – welche Frau würde nicht ab und zu davon träumen? Vielleicht gar gemeinsam mit den besten Freundinnen? In der am Rande von Walsrode gelegenen kleinen, aber feinen 15-Betten-Pension kann dieser Traum wahr werden. Übrigens nicht nur für Frauen. Auch Männer sind willkommen.
Die ausgebildete Physio- und Wellnesstherapeutin Katrin Langrehr hat nach erfahrungsreichen Jahren in Kliniken und Praxen eine Oase für vom Stress geplagte Menschen, nicht nur aus der Großstadt, geschaffen. Sie will weg von der Fließbandbehandlung und hin zur individuellen Betreuung. Sie geht auf die speziellen Wünsche der Gäste ein. „Dabei ist es mir wichtig, Zeit für die Menschen zu haben, denn Zeit ist heute etwas ganz Kostbares", erklärt die ruhige junge Frau mit der modischen Kurzhaarfrisur ihre Philosophie.
So hat sie sich denn auch dem „Land-Vital-Verband" angeschlossen, in dem kleine gesundheitsorientierte Unternehmen in ländlichen Regionen zusammengeschlossen sind.

Da geht es nicht um Massentourismus, sondern es zählen Werte wie Gesundheit, Aktivität, aber auch Ruhe und Muße, um die Natur zu genießen und sich mal wieder auf sich selbst zu besinnen.
Ihr Angebot umfasst eine breite Palette, die auch als Gutschein guten Freunden ein Präsent sein kann. Anruf genügt.
Erst mal in die Sauna und dann bei leiser, sanfter Musik sich eingecremt und eingewickelt auf das Wasserbett legen und mit einem Gefühl des Schwebens die Seele baumeln lassen, oder sich eine „Hot-Stone-Massage" gönnen, oder doch lieber eine Behandlung mit Aromaölen oder eine orientalische Massage? Die Entscheidung fällt schwer.
Hinterher auf jeden Fall noch einen leckeren Cappuccino mit den Freundinnen in der schicken kleinen Sitzecke in der Anmeldung trinken und zum Abschluss ein Spaziergang in frischer Luft. So sieht ein gelungener Wellnesstag aus.
Wer gerne ein paar Tage länger bleiben möchte, ist in den ebenso geschmackvollen wie komfortablen und neu renovierten Zimmern gut untergebracht. Ein herrlicher Blick in unverfälschte ländliche Idylle ist dabei garantiert.

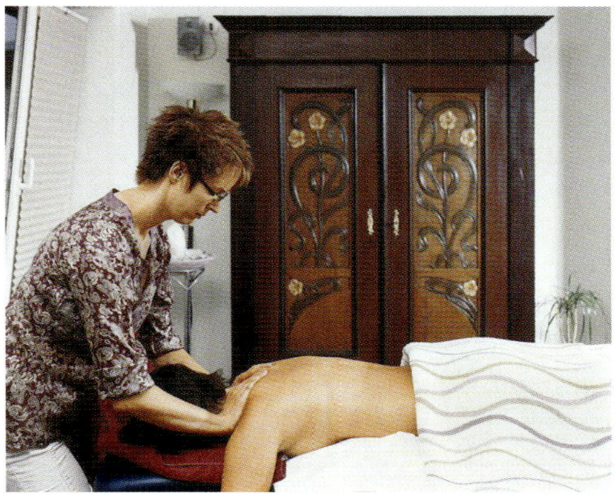

Pension Langrehr

Südkampen 73
29664 Walsrode

Telefon 0 51 66 / 12 63
Telefax 0 51 66 / 12 72
www.pension-langrehr.de
www.land-vital.de

STEINMETZBÄCKEREI STADTLÄNDER

Steinmetzbäckerei Stadtländer

Quintusstraße 31
29664 Walsrode

Telefon 0 51 61 / 58 39
Telefax 0 51 61 / 91 23 97

Wir waschen und schälen Obst und Gemüse, bevor wir es essen. Weil wir die Umweltgifte, die sich auf der Schale festgesetzt haben, nicht mitessen wollen. Warum machen wir es mit dem Getreide dann nicht ebenso?

Das hat sich auch Andreas Stadtländer gefragt, als er vor gut zehn Jahren die weit über 100 Jahre alte Traditionsbäckerei von seinem Vater Walter Stadtländer in Walsrode übernommen hat. Der junge Bäckermeister wollte gesundes Brot backen, sich aber auch abheben von anderen. Das patentierte Verfahren, nach dem Steinmetzgetreide hergestellt wird, kannte er aus seiner Lehrzeit und hatte gute Erfahrungen damit gemacht. Steinmetzgetreide – das ist Getreide, bei dem die nährwertlose, aber schadstoffbelastete Holzfaserhülle des Korns entfernt wird. Bereits 1892 wurde dieses patentierte Verfahren vom Mühleningenieur Stefan Steinmetz erfunden. Damals dachte noch kaum jemand an Umweltgifte, die auf dem Korn lasten könnten. Vielmehr war es dem In-

genieur daran gelegen, Vollkornbrote bekömmlicher zu machen. Ja, Korn ohne Holzfaserhülle ist immer noch das volle Korn! Bekömmlich sind Brote und Kuchen aus Steinmetzmehl natürlich immer noch. Aber heute zählt bei vielen Kunden zudem die so gut wie nicht mehr vorhandene Schadstoffbelastung. Und schmecken tut's obendrein auch noch richtig gut! Da Andreas Stadtländer und seine kleine Familie selber sehr bewusst und gesund leben, aber auch gerne genießen, war es selbstverständlich, dass er das auch an seine Kunden weitergeben wollte.

Die „Bäckerei Stadtländer" ist in der Region die einzige, in der mit Steinmetzmehl gebacken wird. Klar, dass alles im Hause selber gebacken wird. Köstlicher Duft nach frisch Gebackenem zieht durch das Haus, wenn die Brote und Kuchen sich in den Regalen stapeln. Ein herrlicher Anblick!

Andreas Stadtländer legt größten Wert auf Wahrung bewährter Backtraditionen. Er verwendet keine Zusatzstoffe und Backmittel, hält sich dafür aber gerne an gute alte Rezepte. Das bedeutet „lange Teigführungen", was nichts anderes heißt, als dass in der „Steinmetzbäckerei Stadtländer" der Teig viel Zeit hat um aufzugehen. „Sauerteig braucht schon seine 24 Stunden", erklärt der Bäcker aus Leidenschaft.

Sogar das Salz in der „Bäckerei Stadtländer" ist etwas Besonderes. „Nur ‚Luisenhaller Tiefensalz' aus einer Sole in Göttingen kommt in den Teig", betont der Bäckermeister. Dieses aus 460 Metern Tiefe geförderte Salz ist ein reines Naturprodukt und wird in einem 24-stündigen Siederverfahren gewonnen. Chemische Zusätze findet man in diesem Salz nicht.

Auf der Suche nach Besonderem und Gesundem für seine Kunden, kam Andreas Stadtländer vor einigen Jahren zudem auf die Idee, Brote und Kuchen im mobilen Holzbackofen zuzubereiten. Durch das Backen im Holzfeuer nimmt das Brot die Aromen der verschiedenen Hölzer auf. Außerdem bekommen die Brote eine unverwechselbare, herrlich schmeckende Kruste. Der Holzbackofen steht auf einem Anhänger und wird von ihm oder einem seiner zehn Mitarbeiter auf Wochenmärkten aufgestellt. Nach dem ganz frischen, noch warmen Brot stehen die Kunden dann gerne Schlange. Sogar auf dem berühmten Fischmarkt in Hamburg kennt man ihn. Besonders beliebt ist der kräftige Frankenlaib mit Koriander, die süße Ostfriesensemmel, die sich als leckerer Weißbrotlaib mit sehr viel Rosinen entpuppt oder in der Vorweihnachtszeit das Adventsbrot. Wie der immer wieder, gerade von Stammkunden, verlangte saftige Butterkuchen, werden auch diese Brote ausschließlich mit Steinmetzgetreide hergestellt. „Ich möchte meinen Kunden etwas Besonderes bieten", sagt Andreas Stadtländer. Es ist ihm gelungen.

Wer rechtzeitig genug anfragt, kann Gesundes und Leckeres sogar für die Fete daheim ordern. Mit dem mobilen Holzbackofen stehen Mitarbeiter bereit und backen Flammkuchen daheim beim Kunden. Dazu ein trockener Weißwein und die Feier ist perfekt. Aber Vorsicht: Es besteht Suchtgefahr!

HOTEL RÖHRS

Hotel Röhrs

Neuenkirchener Straße 3
27374 Visselhövede

Telefon 0 42 62 / 9 31 80
Telefax 0 42 62 / 44 35
www.hotel-roehrs.de

Bereits um 1750 findet das „Gasthaus Röhrs“ erstmals Erwähnung in den Chroniken der Gemeinde, damals noch als kleiner Ausschank eines landwirtschaftlichen Betriebes. Knapp 100 Jahre später muss umgezogen werden. Innerorts scheint die Brandgefahr zu groß und Familie Röhrs baut den Betrieb am jetzigen Standort neu auf, als Ausspann, aber schon mit Saal und Außenkegelbahn. Bis heute wurde das immer noch im Familienbesitz befindliche Haus ständig renoviert und erweitert.
Heute betreiben Heinrich und Siglinde Röhrs das 70-Betten-Haus mit Saal, gesondertem Gästehaus und ansprechendem Restaurant, in dem auch ein günstiger Mittagstisch angeboten wird. Sowohl Siglinde als auch Heinrich Röhrs sind gelernte Köche. Der Inhaber steht selbst in der Küche, das lässt er sich nicht nehmen. Seine Frau ist für den Servicebereich und die Rezeption zuständig und „die gute Seele des Hauses“, wie ihr Mann schmunzelnd verrät. Durch viele Familienfeiern (Taufe, Hochzeit, Geburtstag), die im Hause und dem großen Saal stattfinden, ist eine Verbundenheit der Gäste mit dem Ehepaar Röhrs entstanden.
Verwöhnen möchte auch Heinrich Röhrs seine Gäste. In seiner ruhigen Art steht er in der Küche und zaubert Leckereien wie Damkalbsbraten mit Apfelrotkohl und Preiselbeeren, Pfirsichen und Pfifferlingen auf den

Tisch. Es liegt ihm am Herzen, die heute fast schon vergessene altdeutsche Küche wieder aufleben zu lassen und so wundervollen Gemüsesorten wie zum Beispiel Kohlrabi und Pastinacken wieder einen angemessenen Platz auf den Speisekarten zu verschaffen. „Ich koche gerne und ich möchte, dass alte Rezepte und Traditionen ihren Wert behalten", sagt er. Dazu gehören selbstverständlich auch die in der Region üblichen Spargel- oder Grünkohlessen.
Wohl auch wegen dieser traditionsbewussten Verbundenheit mit der Region kommen so viele Stammgäste immer wieder gerne in das „Hotel Röhrs". Auch viele der im Ort beheimateten Vereine haben ihr Quartier im „Hotel Röhrs" aufgeschlagen. „Wir sind eben mit dem Ort sehr verbunden", meint Heinrich Röhrs.
Aber natürlich sind auch Gäste von außerhalb willkommen. Die Hotel- und Seminargäste können das bestätigen und genießen die sommerlichen Grillabende auf der Terrasse ebenso wie die gemütlichen Winterabende am Kamin oder den Brunch am Sonntag.
Die Nachfolge ist bereits gesichert. Marei-Lisett und Kristian Kettenburg werden den Betrieb einmal weiterführen. Genügend gastronomische Erfahrung wird mitgebracht; das beliebte und bekannte Café und Restaurant „Neben An" im Zentrum von Visselhövede wird von beiden geführt.

Damkalbsrücken

Zutaten
1 kleiner Damkalbsrücken
2 Kohlrabi
2 rote Möhren
2 gelbe Möhren
4 Pastinacken
800 g Pfifferlinge
Speck
Zwiebeln
10 Heidekartoffeln
Paniermehl
Butter zum Braten
Wacholderrahmsauce
Preiselbeeren
Pfeffer
Salz
etwas Mehl
etwas Zucker

Zubereitung
Den Damkalbsrücken parieren, in Kotelettstücke schneiden, würzen, mehlieren und braten. Kohlrabi, Möhren und Pastinacken in Stifte schneiden, blanchieren, in Butter anschwenken und leicht zuckern. Die Pfifferlinge waschen und trocken tupfen. Speck und Zwiebeln würfeln und anschwitzen, die Pfifferlinge dazugeben, anbraten und würzen. Die Kartoffeln schälen, kernig kochen und in der Pfanne anschwenken, mit Paniermehl bestäuben und kross braten. Gemüse als kleinen Haufen anrichten, Kotelett darauflegen, Kartoffeln und Pfifferlinge anrichten, mit etwas Wacholderrahmsauce nappieren. Die Preiselbeeren in einem Schälchen dazureichen.

HOF IDINGEN

Hof Idingen

Idingen 3
29683 Bad Fallingbostel

Telefon 0 51 62 / 22 38
Telefax 0 51 62 / 12 76
www.hof-idingen.de

Einst war der „Hof Idingen" eines der reichsten Anwesen weit und breit. Die schmucken Gebäude auf dem großflächigen Areal erinnern daran. Aber Landwirtschaft sucht man heute vergebens. Stattdessen wurde der Hof zu einem komfortablen und sehr gemütlichen Hotel und Tagungsort mit sehr gutem Restaurant.
Julia Zwingmann erwarb das Anwesen vor gut zehn Jahren, hat alles komplett renoviert, helle Holzmöbel hineingestellt, auch wunderschöne alte Schränke, dazu Korbsessel und die über hundertjährigen Wandgemälde im Frühstücksraum erhalten. So hat sie eine für alle offene Atmosphäre geschaffen. Das ist ihr auch wichtig, „ ... denn dieses Haus ist auch mein Zuhause", sagt die 40-jährige Hotelfachfrau. Sie lebt mit Mann und Kindern unter dem Dach des Hauses und ist jederzeit für ihre Gäste ansprechbar. Zwar lässt sie auch mal „Fünfe grade sein", wie sie selber sagt und erklärt weiter: „Für mich steht immer der Mensch im Mittelpunkt, das ist auch bei meinen

Gästen so. Aber trotzdem muss natürlich immer alles stimmen, besonders der Service.“

Das Haus mit 18 Zimmern, zwei Ferienwohnungen und Nebengebäuden liegt auf einem parkähnlichen Grundstück mit uraltem Baumbestand. Das macht es gerade für Familien mit Kindern so reizvoll. Die zwei Söhne von Julia Zwingmann sind mit drei und einem Jahr zwar noch klein, freuen sich aber immer über Spielkameraden. „Die Kinder toben alle zusammen auf dem Spielplatz oder auf der großen Wiese oder gehen die Kunstwerke im Park begutachten“, lacht die sympathische Gastronomin. Die Skulpturen hat ihr Bruder Michael geschaffen. Im Eingangsbereich zum Restaurant steht ein fast mannshoher, aus Gussasphalt geschaffener Obelisk. Der gelernte Innenarchitekt entwarf stilsicher auch die Möbel für die Zimmer. Die Fotos im Haupthaus hat Kwan-Ho Yuh gemacht. Auf sehr originelle Weise hat sie die Mitglieder der Familie Zwingmann abgelichtet.

Für die Küche ist Jan Dierks zuständig. Der unkonventionelle Küchenmeister hat bereits in der Schweiz gearbeitet und ist hier nicht nur für die tolle Steakkarte verantwortlich. Die Beilagen dürfen sich die Gäste am Büfett selbst zusammenstellen. Das kommt besonders bei den vielen Tagungsgästen gut an. Der junge Küchenchef setzt auf saisonale Spezialitäten, wie Leckeres vom Wild im Herbst, Spargel im Frühjahr und Grünkohl nach dem ersten Frost. Was er in der Küche braucht, kauft Jan Dierks gerne bei den örtlichen Bäckern und Schlachtern ein. „Die sind sehr gut“, sagt er. Er mag es nicht, wenn Gemüse oder Fleisch auf lange Transporte geschickt wird, „wenn doch vor Ort auch alles zu haben ist“, meint er.

Lachskotelettes auf Gemüsespaghetti

Zutaten

4 Lachskoteletts
2 Möhren
1 Stange Lauch
1 Zucchini
200 g Spaghetti
50 g Kräuterbutter
50 g Butter
50 g Mehl
1 Bund Schnittlauch
Salz und Pfeffer

Zubereitung

Die Möhren schälen, den Lauch und die Zucchini waschen. Das Gemüse der Länge nach in Scheiben schneiden und dann in dünne lange Streifen. Nun die Gemüsestreifen in kochendem Wasser kurz blanchieren und dann sofort abschrecken und abtropfen lassen. Die Spaghetti im selben Wasser kochen und abschrecken. Jetzt die frischen Lachskoteletts trocken tupfen, mit Salz und Pfeffer würzen und anschließend mehlieren. Die Butter in einer Pfanne auslassen und die Koteletts darin braten. In einer zweiten Pfanne die Kräuterbutter auslassen und die Gemüsestreifen mit den Spaghetti erhitzen.

Gemüsespaghetti mit den Lachskoteletts auf Tellern anrichten und mit Schnittlauch garnieren.

KULINARISCHE EMPFEHLUNGEN

Hotel – Pension Allerhof 120
Kerstin und Heinrich Rodewald
Lindenallee 4
27336 Frankenfeld / Bosse
Telefon 0 51 65 / 5 67
Telefax 0 51 65 / 12 22
rodewald@hotel-allerhof.de
www.hotel-allerhof.de

Auenland am Rathaus 114
Gabriele Glasenapp
Große Straße 46
27283 Verden
Telefon 0 42 31 / 95 65 50
Telefax 0 42 31 / 95 65 50
auenland@online.de
www.auenland-am-rathaus.de

Hotel Bargenturm 54
HOBA Betriebsgesellschaft mbH & Co. KG
Vor der Sülze 2 – 4
21335 Lüneburg
Telefon 0 41 31 / 72 90
Telefax 0 41 31 / 7 29 - 4 99
kd@bargenturm.de
www.bargenturm.de

Bargfredenhus Restaurant Heide-Café 30
Jonny Gerkau
Verdener Straße 6
29640 Schneverdingen
Telefon 0 51 93 / 98 27 71
Telefax 0 51 93 / 98 27 72
info@bargfredenhus.de
www.bargfredenhus.de

Bauckhof 76
Bauck GbR
Eichenring 18
29525 Uelzen
Telefon 05 81 / 9 01 60
Telefax 05 81 / 90 16 16
info@bauckhof.de
www.bauckhof.de

Bioland-Hof Böse-Hartje 128
Johanna Böse-Hartje
Große Eißel 26
27321 Thedinghausen
Telefon 0 42 04 / 68 91 11
Telefax 0 42 04 / 68 95 57
biohof-boese-hartje@t-online.de
www.biohof-boese-hartje.de

Buskes Hotel Steinförde 102
Brit und Matthias Buske
Steinförder Straße 85
29323 Wietze
Telefon 0 51 46 / 14 62
Telefax 0 51 46 / 44 93
info@buskes.de
www.buskes.de

Egestorfer Hof 22
Familie Soltau
Lübberstedter Straße 1
21272 Egestorf
Telefon 0 41 75 / 4 80
Telefax 0 41 75 / 10 90
info@egestorferhof.de
www.egestorferhof.de

Hotel-Pension Eichenhof 62
Antje Braesel-Behn
29584 Himbergen/Rohrstorf
Telefon 0 58 28 / 8 80
Telefax 0 58 28 / 8 81 35
info@hotel-pension-eichenhof.de
www.hotel-pension-eichenhof.de

Fischzuchtmeisterei Klaus Kröger 18
Klaus Kröger
Zu den Fischteichen 5
21256 Handeloh-Wörme
Telefon 0 41 87 / 62 64
Telefax 0 41 87 / 79 21
kroeger.forelle@t-online.de
www.kroeger-forelle.de

FloraFarm 134
Gesine Wischmann
Bockhorn 1
29664 Walsrode
Telefon 0 51 62 / 13 93
Telefax 0 51 62 / 29 39
info@florafarm.de
www.florafarm.de

Gartower Wildspezialitäten 88
Carl Früchel
Auf dem Schlosshof
29471 Gartow
Telefon 0 58 46 / 98 02 75
Telefax 0 58 46 / 98 02 77
fruechel@t-online.de

GenussReich 41
Kay Groothoff
Bergstraße 2
29646 Bispingen
Telefon 0 51 94 / 98 21 02
Telefax 0 51 94 / 98 21 03
info@genussreich-bispingen.de
www.genussreich-bispingen.de

Grube's Fischerhütte 58
Wilhelm Grube
Hoopter Elbdeich 32
21423 Winsen/Luhe
Telefon 0 41 71 / 60 18 50
Telefax 0 41 71 / 60 18 51
Kontakt@grubes-fischerhuette.de
www.grubes-fischerhuette.de

Gut Sunder Naturhotel und Restaurant 106
Heike Schulz
Gut Sunder
29308 Meißendorf
Telefon 0 50 56 / 97 10 95
Telefax 0 50 56 / 97 01 66
naturhotel@gutsunder.de
www.gutsunder.de

Hotel Restaurant Hartmann 24
Margarete Baum
Hauptstraße 27
29649 Wietzendorf
Telefon 0 51 96 / 96 00
Telefax 0 51 96 / 13 98
info@hotel-hartmann.de
www.hotel-hartmann.de

Haus Spöktal 38
Familie Hartmut und Eva-Maria Marold
Spöktal 1–2
29646 Bispingen
Telefon 0 51 94 / 23 20
Telefax 0 51 94 / 29 18
info@haus-spoektal.de
www.haus-spoektal.de

Heidjer-Stube 104
Michael Krüger
Steinförder Straße 60
29323 Wietze
Telefon 0 51 46 / 6 04
Telefax 0 51 46 / 98 72 17
info@heidjerstube.de
www.heidjerstube.de

Hof Idingen 140
Julia Zwingmann
Idingen 3
29683 Bad Fallingbostel
Telefon 0 51 62 / 22 38
Telefax 0 51 62 / 12 76
hof-idingen@t-online.de
www.hof-idingen.de

Hotel und Restaurant zur Heideblüte 100
Familie Schulze
Celler Straße 1–3
29313 Hambühren/Ovelgönne
Telefon 0 50 84 / 9 81 90
Telefax 0 50 84 / 98 19 19
info@heidebluete.de
www.heidebluete.de

Hotel Hof Tütsberg 26
Bernd Rummler
Im Naturschutzpark Lüneburger Heide
29640 Schneverdingen-Heber
Telefon 0 51 99 / 9 00
Telefax 0 51 99 / 90 50
info@tuetsberg.de
www.tuetsberg.de

Imkerei Ahrens 80
Klaus Ahrens
Haußelbergweg 54
29328 Müden/Örtze
Telefon 0 50 53 / 7 04
Telefax 0 50 53 / 98 71 35
imkerei_ahrens@t-online.de

Josthof 66
Jörg Hansen
Romantikhotel Josthof
Am Lindeberg 1
21376 Salzhausen
Telefon 0 41 72 / 9 09 80
Telefax 0 41 72 / 62 25
josthof@romantikhotels.com
www.josthof.de

Kenners LandLust 90
Barbara und Kenny Kenner
Dübbekold 1
29473 Göhrde
Telefon 0 58 55 / 97 93 00
Telefax 0 58 55 / 97 93 02
info@kenners-landlust.de
www.kenners-landlust.de

Landgasthof Stössel 60
Familien Hermann und Täger
Im Dorfe 2
29575 Altenmedingen
Telefon 0 58 07 / 2 91
Telefax 0 58 07 / 12 17
info@landgasthof-stoessel.de
www.landgasthof-stoessel.de

Landidyll Hotel Forellenhof 42
Fritz und Udo Fuhrhop
Straße K130
Ortsteil Hünzingen Nr. 3
29664 Walsrode
Telefon 0 51 61 / 970-0
Telefax 0 51 61 / 970-123
info@forellenhof-walsrode.de
www.forellenhof.de

Rüter's Gasthaus 68
Anke Meyer-Rüter
Hauptstraße 1
21376 Salzhausen
Telefon 0 41 72 / 96 92 80
Telefax 0 41 72 / 66 10
info@rueters-gasthaus.de
www.rueters-gasthaus.de

Spargelgut Meyer 122
Elke Meyer
Sattelhof 8
29693 Kirchwahlingen
Telefon 0 51 65 / 14 43
Telefax 0 51 65 / 12 97
spargel-meyer@t-online.de
www.spargelgut-meyer.de

Steinmetzbäckerei Stadtländer 136
Tanja und Andreas Stadtländer
Quintusstraße 31
29664 Walsrode
Telefon 0 51 61 / 58 39
Telefax 0 51 61 / 91 23 97
a.stadtlaender@t-online.de

Stöckmann's Weincafé 108
Carola Stöckmann
Braukmanns Kerkstieg 10
29308 Winsen / Aller
Telefon 0 51 43 / 66 56 75
Telefax 0 51 43 / 66 56 76
weincafe@gmx.de

tafelRunde 56
Marianne Fischer
Am Sande 33
21335 Lüneburg
Telefon 0 41 31 / 2 44 40 40
Telefax 0 41 31 / 2 44 40 41
www.tafelrunde-lueneburg.de

Tryp Hotel Celle 98
Sol Melia
Fuhrberger Straße 6
29225 Celle
Telefon 0 51 41 / 97 20
Telefax 0 51 41 / 97 24 44
tryp.celle@solmelia.com
www.solmelia.com

Undeloher Hof 20
Inge Brunkhorst
Wilseder Straße 22
21274 Undeloh
Telefon 0 41 89 / 4 57
Telefax 0 41 89 / 4 68
info@undeloherhof.de
www.undeloher-hof.de

Hotel Wacholderheide 86
Familie Brokmann
Dorfstraße 6
29578 Eimke
Telefon 0 58 73 / 98 06 46
Telefax 0 58 73 / 98 06 00
hotel-wacholderheide@t-online.de
www.hotel-wacholderheide.de

Waldidyll Hof Barrl 32
Familie Wachtmann
An der Bundesstraße 3
29640 Schneverdingen
Telefon 0 51 98 / 3 51
Telefax 0 51 98 / 6 05
info@landhotel-hof-barrl.de
www.landhotel-hof-barrl.de

Zum alten Brauhaus 50
Familie Korte
Grapengießerstraße 11
21335 Lüneburg
Telefon 0 41 31 / 72 12 77
Telefax 0 41 31 / 72 12 78
korte@netrel.de
www.brauhaus-lueneburg.de

Zum Roten Tore 52
Familie Winterberg
Vor dem Roten Tore 3
21335 Lüneburg
Telefon 0 41 31 / 4 30 41
Telefax 0 41 31 / 4 42 24
hotel@zumrotentor.de
www.zumrotentor.de

VERZEICHNIS DER REZEPTE

Die Rezepte sind, wenn nicht anders angegeben, für 4 Personen berechnet.

Vorspeisen

Hauptspeisen

Desserts

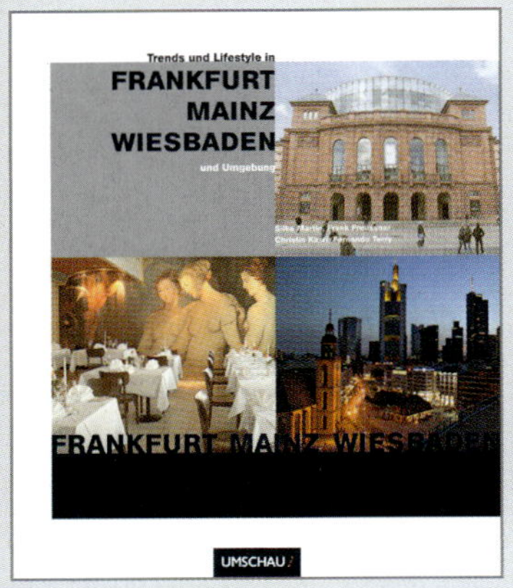

ISBN: 978-3-86528-357-3
24,1 cm x 27,6 cm

ISBN: 978-3-86528-353-5
24,1 cm x 27,6 cm

ISBN: 978-3-86528-390-0
24,1 cm x 27,6 cm

ISBN: 978-3-86528-397-9
24,1 cm x 27,6 cm

KULINARISCHE ENTDECKUNGSREISEN ...

... DURCH DIE SCHÖNSTEN URLAUBSREGIONEN

ISBN: 978-3-86528-361-0

ISBN: 978-3-86528-358-0

ISBN: 978-3-86528-337-5

ISBN: 978-3-86528-344-3

ISBN: 978-3-86528-356-6

ISBN: 978-3-86528-377-1

ISBN: 978-3-86528-359-7

ISBN: 978-3-86528-346-7

ISBN: 978-3-86528-336-8
24,1 cm x 27,6 cm

ISBN: 978-3-86528-364-1

ISBN: 978-3-86528-385-6
24,1 cm x 27,6 cm

ISBN: 978-3-86528-401-3

IM HERBST 2007 ERSCHEINEN ...

Petra Wagner, Daniel Schvarcz
Eine kulinarische Entdeckungsreise durch das Berchtesgadener Land, den Rupertiwinkel und entlang der Salzach
200 Seiten, 400 Farbfotos und 1 Karte
ISBN: 978-3-86528-368-9

Cornelia Haller-Zingerling, Christian Gufler
Eine kulinarische Entdeckungsreise durch Südtirol
408 Seiten, 550 Farbfotos und 1 Karte
ISBN: 978-3-86528-383-2

Italienische Ausgabe:
Cornelia Haller-Zingerling, Christian Gufler
Alla scoperta dell'arte culinaria altoatesina
408 Seiten, 550 Farbfotos und 1 Karte
ISBN: 978-3-86528-402-0

Sabine Bomeier, Christiane und Heinz Anschlag
Eine kulinarische Entdeckungsreise – Lüneburger Heide und Elbmarsch
152 Seiten, 300 Farbfotos und 1 Karte
ISBN: 978-3-86528-376-4

Bettina Schaefer, Regina Jacobsen
Eine kulinarische Entdeckungsreise durch Schleswig-Holstein
208 Seiten, 400 Farbfotos und 1 Karte
ISBN: 978-3-86528-382-5

Silke Martin, Martin Wolf
Eine kulinarische Entdeckungsreise entlang der Mosel
144 Seiten, 200 Farbfotos und 1 Karte
ISBN: 978-3-86528-373-3

Peter Joachim Arweiler, Patrick Brauns, Helmuth Scham
Eine kulinarische Entdeckungsreise rund um den Bodensee
168 Seiten, 300 Farbfotos und 1 Karte
ISBN: 978-3-86528-370-2

Gertrud und Eberhard Löbell, Björn Kray Iversen
Eine kulinarische Entdeckungsreise durch Pfalz, Kurpfalz und Odenwald
208 Seiten, 400 Farbfotos und 1 Karte
ISBN: 978-3-86528-375-7

Claus Spitzer-Ewersmann, Frank Pusch
Trends und Lifestyle von den ostfriesischen Inseln nach Bremen
256 Seiten, 500 Farbfotos und 1 Karte
ISBN: 978-3-86528-388-7

Günther Schreiber, Gerhard Friedrich Kunz
Trends und Lifestyle im Burgenland
224 Seiten, 450 Farbfotos und 1 Karte
24,1 cm x 27,6 cm
ISBN: 978-3-86528-389-4

Stephan und Dominik Klinger, Martin Steinkellner
Trends und Lifestyle in Linz und Umgebung
208 Seiten, 400 Farbfotos und 1 Karte
24,1 cm x 27,6 cm
ISBN: 978-3-86528-393-1

Nina Neuhold, Stefan Kristoferitsch
Trends und Lifestyle in Graz und Umgebung
176 Seiten, 350 Farbfotos und 1 Karte
24,1 cm x 27,6 cm
ISBN: 978-3-86528-363-4

* Sofern nicht anders angegeben, haben alle Titel ein Format von 24,1 cm x 30,6 cm.

Alle Titel erhalten Sie bei Ihrer örtlichen Buchhandlung. Für weitere Informationen über unsere Reihe wenden Sie sich direkt an den Verlag:

UMSCHAU

Neuer Umschau Buchverlag | Theodor-Körner-Straße 7 | D-67433 Neustadt/Weinstraße
Telefon +49 (0) 63 21 / 877-852 | Telefax +49 (0) 63 21 / 877-866
e-mail: info@umschau-buchverlag.de | www.umschau-buchverlag.de

IMPRESSUM

Herausgeberin
Katharina Többen, Neckargemünd

Texte
Sabine Bomeier, Bremen
www.blattcontor.de

Fotos
Christiane und Heinz Anschlag, Velen
www.anschlag-anschlag.de

Lektorat
Viola Pusceddu, Neustadt/Weinstraße
Anja Otto, Neustadt/Weinstraße

Satz und Layout
komplus GmbH, Heidelberg

Reproduktionen
ditech OHG Medienmanagement, Viernheim

Karte
Thorsten Trantow, Kenzingen
www.trantow-atelier.de

Druck und Verarbeitung
Finidr, s.r.o. Cesky Tesin, Tschech. Rep.

Printed in Czech Republic
ISBN: 978-3-86528-376-4

Die Rezepte sind üblicherweise für 4 Personen ausgerichtet.

Besuchen Sie uns im Internet
www.umschau-buchverlag.de

Titelfotografie: Heinz und Christiane Anschlag, Velen
Außenaufnahme: Heidelandschaft
Foodaufnahme: Heidschnuckenkeule Wietzendorfer Art, zubereitet im Hotel Restaurant Hartmann, Wietzendorf
Buchrückseite: Landschaftsimpressionen; Außenaufnahme: Hotel Hof Tütsberg, Schneverdingen-Heber (fotografiert von Andreas Kögel)

Wir bedanken uns für die freundlicherweise zur Verfügung gestellten Fotos bei:
md-Verlag (S. 18, S. 19 unten); A.W.Kögel Edition, Betzendorf (S. 27 oben, S. 39 rechts unten); Parkhotel Luisenhöhe (S. 45 rechts unten); Hotel Bargenturm (S. 55 oben und links unten); André Chales de Beaulieu (S. 62/63; S. 82/83; S. 84/85; S. 86/87; S. 88/89); Bauckhof (S. 76); Löwe Naturmöbel GmbH, Bollensen (S. 79); Sol Melia' Deutschland GmbH / TRYP Celle (S. 98, S. 99 links und rechts unten); Familie Schulze GBR (S.101 oben); Mercure Hotel Walsrode (S. 132, S. 133 unten); Flora Farm Ginseng, Walsrode-Bockhorn (S. 134 links oben und unten).

Wir bedanken uns für die freundlicherweise zur Verfügung gestellten Texte bei: Claus Spitzer-Ewersmann (S. 62/63; S. 82/83; S. 84/85; S. 86/87; S. 88/89).